essentials

essentials liefern aktuelles Wissen in konzentrierter Form. Die Essenz dessen, worauf es als „State-of-the-Art“ in der gegenwärtigen Fachdiskussion oder in der Praxis ankommt. *essentials* informieren schnell, unkompliziert und verständlich

- als Einführung in ein aktuelles Thema aus Ihrem Fachgebiet
- als Einstieg in ein für Sie noch unbekanntes Themenfeld
- als Einblick, um zum Thema mitreden zu können

Die Bücher in elektronischer und gedruckter Form bringen das Expertenwissen von Springer-Fachautoren kompakt zur Darstellung. Sie sind besonders für die Nutzung als eBook auf Tablet-PCs, eBook-Readern und Smartphones geeignet. *essentials:* Wissensbausteine aus den Wirtschafts-, Sozial- und Geisteswissenschaften, aus Technik und Naturwissenschaften sowie aus Medizin, Psychologie und Gesundheitsberufen. Von renommierten Autoren aller Springer-Verlagsmarken.

Weitere Bände in dieser Reihe http://www.springer.com/series/13088

Moritz Petzi · Simone Kattwinkel

Das Gesunde Unternehmen zwischen Utopie und Dystopie

Betriebliches Gesundheitsmanagement auf dem Prüfstand

Moritz Petzi
Universität der Bundeswehr München
München, Bayern
Deutschland

Simone Kattwinkel
Universität der Bundeswehr München
München
Deutschland

ISSN 2197-6708 ISSN 2197-6716 (electronic)
essentials
ISBN 978-3-658-15145-4 ISBN 978-3-658-15146-1 (eBook)
DOI 10.1007/978-3-658-15146-1

Die Deutsche Nationalbibliothek verzeichnet diese Publikation in der Deutschen Nationalbibliografie; detaillierte bibliografische Daten sind im Internet über http://dnb.d-nb.de abrufbar.

Springer Gabler

Gedruckt auf säurefreiem und chlorfrei gebleichtem Papier

Springer Gabler ist Teil von Springer Nature
Die eingetragene Gesellschaft ist Springer Fachmedien Wiesbaden GmbH

Was Sie in diesem *essential* finden können

- Einen umfassenden Einblick in die Themenfelder Gesundheit, Betriebliches Gesundheitsmanagement und Betriebliche Gesundheitsförderung
- Eine thematische Auseinandersetzung mit dem aktuell vielfach diskutierten Konzept des „Gesunden Unternehmens"
- Eine kritische Betrachtung von Betrieblichem Gesundheitsmanagement ausgehend von derzeitigen gesellschaftlichen Entwicklungen
- Eine holistische Perspektive auf Betriebliches Gesundheitsmanagement, die sowohl positive als auch negative Implikationen von Betrieblichem Gesundheitsmanagement mit einschließt
- Ausgehend von Betrieblichem Gesundheitsmanagement: einen Blick in eine utopische respektive dystopische Zukunft

Inhaltsverzeichnis

1 Einleitung

Gesundheit nimmt in modernen Gesellschaften eine zentrale Rolle ein und hält im Rahmen des Betrieblichen Gesundheitsmanagements als strategische Einflussgröße Einzug in die Unternehmen. Vor dem Hintergrund gesellschaftlicher Transformationsprozesse in der Organisation von Arbeit und im Gesundheitsverständnis werden diese Entwicklungen im Rahmen dieses Werkes einer kritischen Betrachtung unterzogen. Gemäß dem Titel „Das Gesunde Unternehmen zwischen Utopie und Dystopie" werden die derzeitigen Entwicklungen weitergeführt um resümierend das Bild einer – utopischen oder dystopischen – Zukunft zu zeichnen. Die Utopie kumuliert die dem Betrieblichen Gesundheitsmanagement inhärenten positiven Potenziale. Die Dystopie verkörpert die Essenz der potenziellen negativen Entwicklungen. Folgendermaßen wird dabei vorgegangen: In Kap. 2 werden zentrale Grundlagen des Betrieblichen Gesundheitsmanagements vorgestellt, deren Kenntnis für die Einnahme einer kritischen Perspektive unabdingbar sind. Darunter fallen der dem Betrieblichen Gesundheitsmanagement zugrunde liegende Gesundheitsbegriff, das Konzept der Gesundheitskompetenz sowie das Konzept der Gesundheitsförderung. Kap. 3 eröffnet einen ersten Einblick in das Betriebliche Gesundheitsmanagement und die Betriebliche Gesundheitsförderung. Neben einer begrifflichen Abgrenzung beider Termini wird hier der Nutzen von Betrieblichem Gesundheitsmanagement für Arbeitnehmer und Arbeitgeber sowie die historische Entwicklung von Betrieblichem Gesundheitsmanagement und Betrieblicher Gesundheitsförderung umrissen. Kap. 4 widmet sich schließlich einer kritischen Perspektive auf Betriebliches Gesundheitsmanagement im Gesunden Unternehmen. In diesem Kontext werden zunächst gesellschaftliche Transformationsprozesse – insbesondere in Bezug auf die Organisation von Arbeit sowie das gesellschaftlich vorherrschende Gesundheitsverständnis – dargestellt, um daran anschließend die

M. Petzi und S. Kattwinkel, *Das Gesunde Unternehmen zwischen Utopie und Dystopie*, essentials, DOI 10.1007/978-3-658-15146-1_1

Belastungen neuer Arbeits- und Erwerbsformen zu skizzieren. Unter Bezug auf das normative Gesundheitsverständnis moderner Gesellschaften, wird die Eignung des Betrieblichen Gesundheitsmanagements, den Belastungen entgrenzter Arbeit zu begegnen, in den Blick genommen. Darüber hinaus werden datenschutzrechtlich relevante Fragen thematisiert. Kap. 5 resümiert die wesentlichen Erkenntnisse der vorangegangenen Ausführungen und wertet diese unter Bezug auf die Frage „Das Gesunde Unternehmen: Utopie oder Dystopie?“ aus.

2 Gesundheit, Gesundheitskompetenz und Gesundheitsförderung

Betriebliches Gesundheitsmanagement zielt auf den Erhalt und die Förderung der Mitarbeitergesundheit im Unternehmen. Zentrale Grundlagen und daher für ein umfassendes Verständnis des Betrieblichen Gesundheitsmanagements unabdingbar sind der zugrunde liegende Gesundheitsbegriff (Abschn. 2.1), das Konzept der Gesundheitskompetenz (Abschn. 2.2) sowie das Konzept der Gesundheitsförderung (Abschn. 2.3). Diese sollen im Folgenden erläutert werden.

2.1 Gesundheit

Gesundheit ist ein Begriff, der in einer Vielzahl von unterschiedlichen Zusammenhängen verwendet wird, die sich auf diverse Lebensaspekte beziehen und der dementsprechend mit ganz unterschiedlichen Bedeutungen und Vorstellungen verbunden wird (vgl. u. a. Naidoo und Wills 2010, S. 4 ff.) Angesichts der Komplexität der Bedeutungsinhalte von Gesundheit ist es unmöglich, eine einheitliche Begriffsbestimmung, die all diese Bedeutungen adäquat umfasst, zu formulieren.

Nach dem medizinischen Modell wird Gesundheit negativ interpretiert und als die Abwesenheit von Krankheit oder Leiden definiert (vgl. ebd. S. 5). In Abgrenzung dazu bezeichnet im Sinne einer positiven und erweiterten Auslegung die Weltgesundheitsorganisation (WHO) Gesundheit als den „Zustand des umfassenden körperlichen, geistigen und sozialen Wohlbefindens und nicht nur die Abwesenheit von Krankheit oder Gebrechen" (WHO 1986). Somit treten neben dem physischen Zustand eines Individuums psychische, emotionale, soziale, aber auch spirituelle und sexuelle Aspekte als Gesundheitsdimensionen in den Vordergrund. Ein derart ganzheitliches Verständnis von Gesundheit bedeutet, dass die unterschiedlichen Einflüsse aller Dimensionen und ihrer Wechselwirkungen untereinander bei der Betrachtung von Gesundheit stets mitberücksichtigt

M. Petzi und S. Kattwinkel, *Das Gesunde Unternehmen zwischen Utopie und Dystopie*, essentials, DOI 10.1007/978-3-658-15146-1_2

werden müssen. Die Einflüsse des Umfelds auf die Gesundheit des Einzelnen kennzeichnen zum einen den Zusammenhang zwischen individueller Gesundheit und sozialen Bedingungen einer Gesellschaft (gesellschaftliche Dimension). Die hier angesprochene gesellschaftliche Dimension umfasst die grundlegenden Infrastrukturen einer Gesellschaft wie z. B. Frieden, Nahrung, Einkommen und den Grad der gesellschaftlichen Integration. Darüber hinaus spielt wiederum die Umweltdimension eine weitere zentrale Rolle für Gesundheit. Sie bezieht sich u. a. auf die Qualität von Wohnung, Verkehr, Hygiene sowie die Sorge um eine nachhaltige Entwicklung (vgl. Naidoo und Wills 2010, S. 5 f.). Strukturelle Ungleichheiten in diesen Dimensionen können die Gesundheit bestimmter gesellschaftlicher Gruppen maßgeblich beeinflussen.

Eine ganzheitliche Auffassung von Gesundheit impliziert auch, dass der subjektiv empfundene Gesundheitszustand (dem sozialwissenschaftlichen Verständnis von Gesundheit entsprechend), neben objektiven Indikatoren wie Morbidität und Mortalität (nach der medizinischen Sichtweise von Gesundheit), zur zentralen Bezugsgröße der Bewertung von Gesundheit wird. Die Wahrnehmung des eigenen Körpers und das subjektiv empfundene Wohlbefinden kann dabei – abhängig etwa von sozioökonomischen Faktoren – individuell stark variieren und sich zudem von objektiven medizinischen Befunden deutlich unterscheiden (vgl. ebd., S. 7 ff.).

Dem betrieblichen Gesundheitsmanagement liegt dieser positiv besetzte und erweiterte Gesundheitsbegriff, in Anlehnung an die Definition der WHO, zugrunde (vgl. u. a. Bundesagentur für Arbeit o. J.; Unfallkasse des Bundes 2009). Gesundheit wird als ganzheitliche und allumfassende Kategorie gesehen, die sämtliche Aspekte des menschlichen Wohlbefindens mit einschließt.

2.2 Gesundheitskompetenz

Eine entscheidende Voraussetzung des Betrieblichen Gesundheitsmanagements ist die „Gesundheitskompetenz“ (Health literacy). Sie wird als die Fähigkeit zu einer gesundheitsorientierten Lebensführung umschrieben und umfasst kognitive und soziale Kompetenzen, die zur Förderung und Erhaltung von Gesundheit beitragen sowie individuelle Fähigkeiten des Wahrnehmens als zentrale Voraussetzung zum Umgang mit Gesundheit. Gesundheitskompetenz schließt die Fähigkeit ein, Gesundheit im Lebensalltag zu fördern, kompetente gesundheitliche Entscheidungen zu treffen, Gesundheitsangelegenheiten zu kommunizieren und schließlich das Gesundheitssystem optimal zu nutzen (vgl. Brandt und Dierks 2014, S. 20). Sie umfasst darüber hinaus die „Motivation zu gesundheitsbezogenem Verhalten, [die] emotionale Einstellung (z. B. Selbstwirksamkeit) und entsprechende Fertigkeiten“ (Faller und Lang 2016, S. 213). Gesundheitskompetenz ist somit zentrale Voraussetzung für Gesundheitserziehung und -bildung sowie für eine damit einhergehende (betriebliche) Gesundheitsförderung und (betriebliches) Gesundheitsmanagement.

2.3 Gesundheitsförderung

Angesichts der zentralen Bedeutung von Gesundheitskompetenz für die Erhaltung und Unterstützung von Gesundheit richtet sich ein wesentliches Augenmerk von Gesundheitsförderung darauf, „allen Menschen ein höheres Maß an Selbstbestimmung über ihre Gesundheit zu ermöglichen und sie damit zur Stärkung ihrer Gesundheit zu befähigen“ (WHO 1986, S. 1). Dies impliziert auch ein prozessuales Verständnis von Gesundheit, das davon ausgeht, dass sich jedes Individuum stets an einem bestimmten Punkt auf dem Kontinuum von krank bis gesund abbilden lässt und auf die Förderung von Gesundheit sowie das Vermeiden bzw. Bewältigen von Ungleichgewichten abzielt. Gesundheit im umfassenden Sinne lässt sich so nur bei ausgeglichener Gewichtung der verschiedenen Teilbereiche menschlichen Lebens fördern und erhalten. Das erfordert auch die Abwendung von einer Fokussierung auf krankheitsauslösende Faktoren (Pathogenese) und die Konzentration auf gesundheitserhaltende und -fördernde Aspekte (Salutogenese) (vgl. Meifert und Kesting 2004, S. 4 ff.). Nach Antonovsky (1997, S. 21 ff.) ermöglicht die salutogene Perspektive mit der Identifikation von Ressourcen und Potenzialen für Gesundheit die gezielte Stärkung der Bedingungen ebendieser sowie der Faktoren, die Gesundheit schützen. Ein wichtiger Gesundheitsfaktor, den Antonovsky (1997, S. 33 f.) als „Kohärenzsinn“ bezeichnet, umfasst die drei Aspekte der Verstehbarkeit, Handhabbarkeit und Bedeutsamkeit von Veränderungen. Diese sind individuelle Fähigkeiten, die durch das soziale Umfeld begünstigt oder gehemmt werden können. Mit dem Paradigmenwechsel von der Pathogenese zur Salutogenese und damit von der Betrachtung der Ursachen für Krankheit hin zur Fokussierung auf Bedingungen für Gesundheit erlangt das Salutogenese-Konzept im Bereich der praktischen Gesundheitsförderung eine zentrale Bedeutung und dient aus gesundheitswissenschaftlicher Perspektive als Meta-Theorie und Legitimation für konzeptionelle Überlegungen in diesem Kontext. „Die Ottawa-Charta für Gesundheitsförderung gilt als programmatisches Papier der Weltgesundheitsorganisation, das durch die Publikationen von Aaron Antonovsky eine theoretische Fundierung erhalten hat“ (Wydler et al. 2010, S. 13).

Die Ottawa-Charta zur Gesundheitsförderung (WHO 1986, S. 2) unterscheidet drei grundlegende Handlungsstrategien für Gesundheitsförderung. Diese verbinden das aktive Eintreten für Gesundheit durch eine Veränderung der politischen, ökonomischen, sozialen, kulturellen und biologischen Rahmenbedingungen und Faktoren („Advocate") mit der individuellen Befähigung zur Selbstfürsorge („Enable") unter der Voraussetzung einer aktiven und dauerhaften Kooperation und Vernetzung („Mediate") aller Akteure innerhalb und außerhalb des Gesundheitswesens. Ziele der Gesundheitsförderung sind daher die Befähigung von Menschen, größeren Einfluss auf die Erhaltung und Verbesserung ihrer Gesundheit zu nehmen sowie die Beeinflussung der Bedingungen und Ursachen von Gesundheit. Als wesentliche theoretische Grundlage in der Umsetzung der Gesundheitsförderung durch die Ottawa-Charta gilt der „Setting-Ansatz" (vgl. Baric und Conrad 1999). Dieser zielt auf eine gesundheitsfördernde Gestaltung von spezifischen Lebenswelten (Settings) von Menschen ab. Als Settings stehen dabei soziale Systeme bzw. Organisationen unterschiedlicher Art und Komplexität im Vordergrund der Intervention (vgl. ebd., S. 18). Im Kontext der Betrieblichen Gesundheitsförderung spielt das Setting „Betrieb" eine zentrale Rolle (vgl. Kap. 3). Dieses Setting ist für die Betriebliche Gesundheitsförderung insofern von Bedeutung, da es die Gesundheit der in ihm tätigen Mitarbeiter beeinflusst und ein Handlungsumfeld zur Förderung der Gesundheit bietet. Der Setting-Ansatz ermöglicht es, verhaltens- und verhältnisbezogene Maßnahmen der Gesundheitsförderung miteinander zu verbinden (vgl. Altgeld und Kolip 2010, S. 50). Auch in diesem Kontext gilt es, individuelle und subjektive Differenzen in den Vorstellungen dazu, was als der Gesundheit zu- oder abträglich erachtet wird, zu berücksichtigen, um entsprechende Initiativen nicht ins Leere laufen zu lassen oder dadurch gar das Gegenteil zu bewirken.

Die Förderung von Gesundheitskompetenz galt lange Zeit als wichtige Aufgabe der öffentlich geförderten Erwachsenenbildung, seit geraumer Zeit befassen sich jedoch verstärkt Unternehmen mit dem Themenfeld Gesundheit und bieten Maßnahmen der Betrieblichen Gesundheitsförderung an.

Betriebliches Gesundheitsmanagement und Betriebliche Gesundheitsförderung

3

Um Betriebliches Gesundheitsmanagement in all seinen Facetten erfassen zu können, ist zunächst eine begriffliche Differenzierung von Nöten. In der wissenschaftlichen wie der gesundheitspolitischen Diskussion zum Thema „Gesundheit und Arbeitsplatz" ist gleichermaßen eine synonyme Verwendung der Begriffe „Betriebliches Gesundheitsmanagement" und „Betriebliche Gesundheitsförderung" festzustellen. Diese undifferenzierte Perspektive kann der Thematik insofern nicht gerecht werden, als zwischen beiden Konzepten wesentliche Unterschiede bestehen. Deshalb sollen im Folgenden zunächst beide Termini – Betriebliches Gesundheitsmanagement und Betriebliche Gesundheitsförderung – voneinander abgegrenzt werden.

3.1 Betriebliches Gesundheitsmanagement

Beim Betrieblichen Gesundheitsmanagement handelt es sich um einen systematischen Managementansatz mit dem übergeordneten Ziel des Erhalts und der Förderung der Mitarbeitergesundheit im Unternehmen. Näher betrachtet sind „Ziele des Betrieblichen Gesundheitsmanagements […] die Entwicklung und Verankerung eines Managementsystems zur Reduzierung von Belastungen, zur Stärkung des Sozial- und Humankapitals, zur Verbesserung von Wohlbefinden und Gesundheitsverhalten der Mitarbeiterinnen und Mitarbeiter sowie zur Steigerung von Betriebsergebnissen und Wettbewerbsfähigkeit" (ZWW 2008, S. 19). Im Rahmen des Betrieblichen Gesundheitsmanagements wird Mitarbeitergesundheit auf allen Ebenen der Organisation verankert und in den täglichen Ablauf der Organisation integriert (vgl. Meyer und Ahlers 2013, S. 194 f.). Als strategische Einflussgröße hält die Mitarbeitergesundheit Einzug in die

M. Petzi und S. Kattwinkel, *Das Gesunde Unternehmen zwischen Utopie und Dystopie*, essentials, DOI 10.1007/978-3-658-15146-1_3

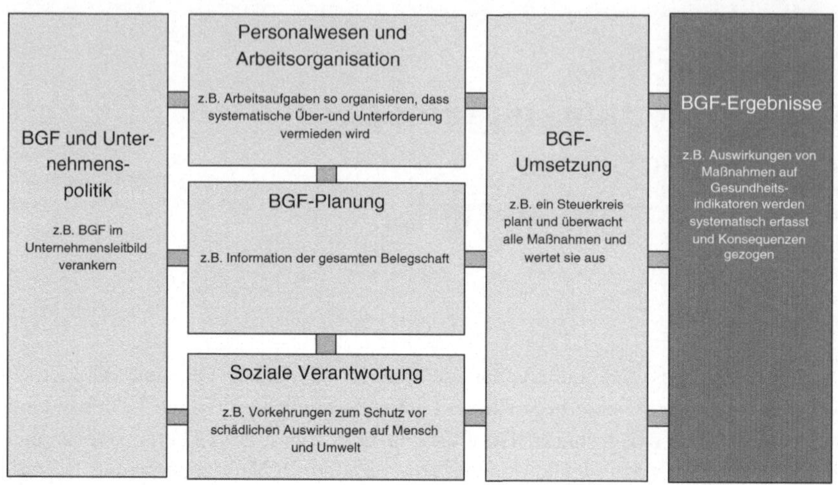

Abb. 3.1 Ganzheitliche Verankerung von BGM im Unternehmen. (vgl. ENWHP 1999, S. 4)

Organisationskultur, die Strukturen der Organisation, das Leitbild sowie die Prozesse der Organisation (vgl. Altgeld 2014, S. 300). Rudow (2004) spricht in diesem Kontext vom „Gesunden Unternehmen“. Abb. 3.1 verdeutlicht die ganzheitliche Verankerung von Betrieblichem Gesundheitsmanagement im Unternehmen.

Der überwiegend handlungsorientiert und praxisnah geführte Diskurs um Betriebliches Gesundheitsmanagement und Betriebliche Gesundheitsförderung legt den Fokus auf dessen Nutzen für die Arbeitnehmer, den Arbeitgeber wie die gesamte Gesellschaft. Im Unternehmenskontext gehören auf Arbeitgeberseite insbesondere die Zunahme an Leistungsfähigkeit, Leistungspotenzialen und Motivation der Mitarbeiter sowie eine erhöhte Identifikation mit dem Unternehmen zu den Vorteilen von Betrieblichem Gesundheitsmanagement. Diese positiven Effekte führen wiederum zu einer gesteigerten Innovationskraft und Wettbewerbsfähigkeit sowie zu niedrigeren Kosten durch weniger fehlzeitenbedingte Ausfälle. Weiterhin gelten steuerliche Vorteile als positiver Effekt von Betrieblichem Gesundheitsmanagement. Nicht zuletzt geht mit der Etablierung eines Betrieblichen Gesundheitsmanagements in der Regel eine Imageverbesserung des Unternehmens einher. Für

Vorteile auf Arbeitgeberseite	Vorteile auf Arbeitnehmerseite
• Steigerung der Leistungsfähigkeit, der Leistungspotenziale und der Motivation der Mitarbeiter • Erhöhung der Identifikation der Mitarbeiter mit dem Unternehmen • Stärkung von Innovationskraft und Wettbewerbsfähigkeit • Kostensenkung durch Reduktion fehlzeitenbedingter Ausfälle • Verbesserung des Images des Unternehmens • Steuerliche Vergünstigungen	• Entwicklung von Gesundheitskompetenz • Zuwachs an Gesundheit und Wohlbefinden • Abbau gesundheitlicher Risiken • Steigerung von Leistungsfähigkeit und Motivation • Erhöhung von Arbeitszufriedenheit und Lebensqualität • Erleichterter Zugang zu Gesundheitsangeboten

Abb. 3.2 Vorteile von BGM für Arbeitnehmer und Arbeitgeber. (vgl. u. a. Singer und Neumann 2010, S. 49 ff.; Faller 2010, S. 15 ff.)

Arbeitnehmer zeigen sich die vorteilhaften Auswirkungen eines Betrieblichen Gesundheitsmanagements u. a. in der Entwicklung von Gesundheitskompetenz (vgl. Kap. 2), dem Zuwachs an Gesundheit und Wohlbefinden sowie – damit einhergehend – dem Abbau gesundheitlicher Risiken. Darüber hinaus werden eine zunehmende Leistungsfähigkeit, Arbeitsmotivation und Arbeitszufriedenheit bis hin zu einer gesteigerten Lebensqualität auf Arbeitnehmerseite als positive Folgen Betrieblichen Gesundheitsmanagements postuliert.

Abb. 3.2 gibt einen Überblick über wesentliche Vorteile von Betrieblichem Gesundheitsmanagement auf Arbeitgeber- und Arbeitnehmerseite.

Angesichts der, aufgrund ihrer Handlungsorientierung und Praxisnähe, zumeist reduktionistischen Perspektive auf Betriebliches Gesundheitsmanagement, mit Fokus auf dessen vermeintlichem Nutzen für Arbeitnehmer, Arbeitgeber und Gesamtgesellschaft, bleiben potenziell negative Gesichtspunkte des Betrieblichen Gesundheitsmanagement, welche unter einer holistischen Perspektive, die gesellschaftliche Transformationsprozesse berücksichtigt, deutlich werden, zumeist im Verborgenen. Der Anspruch dieses Werkes ist es, diese holistische Perspektive einzunehmen (vgl. Kap. 4). Der Utopie des Gesunden Unternehmens, welche die positiven Potenziale des Betrieblichen Gesundheitsmanagements kumuliert, wird die Dystopie des Gesunden Unternehmens als Essenz der potenziellen negativen Entwicklungen Betrieblichen Gesundheitsmanagements gegenübergestellt.

Der folgende Abschn. 3.2 vertieft zunächst das Verständnis von Betrieblichem Gesundheitsmanagement, indem es mit der Betrieblichen Gesundheitsförderung, deren operativen Kern in den Fokus nimmt.

3.2 Betriebliche Gesundheitsförderung

Betriebliche Gesundheitsförderung als operativer Kern des Betrieblichen Gesundheitsmanagements schließt gemäß dem Bundesministerium für Gesundheit (BMG) „die Bereiche des Gesundheits- und Arbeitsschutzes, des betrieblichen Eingliederungsmanagements sowie der Personal- und Organisationspolitik" (BMG 2016a) ein und umfasst alle Maßnahmen der Senkung gesundheitlicher Belastungen und der Vermehrung gesundheitlicher Ressourcen im Unternehmen. Maßnahmen des Gesundheits- und Arbeitsschutzes beziehen sich dabei ausschließlich auf physische Komponenten von Mitarbeitern; im Zentrum stehen hier die Unfallverhütung und der Schutz der Mitarbeiter vor einwirkenden Gefährdungen wie Giften, Lärm, Feuchtigkeit, Hitze oder Kälte. Aufgabe des Arbeitgebers ist es, Maßnahmen zur Vermeidung von Arbeitsunfällen sowie der Prävention von Berufskrankheiten und arbeitsbedingten Gesundheitsgefahren zu ergreifen (vgl. Ueberle 2010, S. 286). Unter betrieblichem Eingliederungsmanagement versteht man alle Handlungen zur Überwindung der gegenwärtigen und zur Vermeidung wiederholter Arbeitsunfähigkeit von Mitarbeitern (vgl. Weinreich und Weigl 2011, S. 160). Dabei soll frühzeitig geklärt werden, welche Maßnahmen ergriffen werden können, damit das Beschäftigungsverhältnis dauerhaft erhalten werden kann.

Prinzipiell lassen sich zwei Wirkrichtungen von Betrieblicher Gesundheitsförderung unterscheiden, und zwar reaktive und präventive Maßnahmen. Im Rahmen der reaktiven Gesundheitsförderung geht es darum, geeignete Maßnahmen zur Heilung bzw. Linderung bereits aufgetretener Einschränkungen der Leistungsfähigkeit zu ergreifen. Die präventive Gesundheitsförderung zielt dagegen auf die gesundheitsförderliche Bewältigung auftretender Belastungsmomente ab (vgl. u. a. Leypold 2009, S. 48 f.). Verhaltenspräventiv setzen diese Maßnahmen am individuellen Verhalten des Arbeitnehmers an (personale Gesundheitsförderung). Verhältnispräventiv treten die strukturellen Arbeitsbedingungen innerhalb des Unternehmens in den Fokus (strukturelle Gesundheitsförderung) (vgl. BMG 2016b; Faller und Lang 2016, S. 362). Weiter wird in diesem Kontext zwischen Primär-, Sekundär- und Tertiärprävention unterschieden: Primärprävention wird verstanden als Vorbeugung des erstmaligen Auftretens von Krankheiten und Verletzungen, d. h. die Senkung der Eintrittswahrscheinlichkeit von Krankheiten und Unfällen sowie, im Falle des Eintretens, deren Schweregrad. Sekundärprävention umfasst die Früherkennung von Krankheitsvor- und -frühstadien sowie von Gesundheitsrisiken. Tertiäre Prävention bezieht sich schließlich auf die Verhütung der Verschlimmerung von Erkrankungen und Behinderungen sowie die

Vorbeugung von Folgeerkrankungen. Hierunter fallen sowohl therapeutische als auch Beratungsleistungen (vgl. u. a. Naidoo und Wills 2010, S. 87).

Für viele Unternehmen ist Betriebliche Gesundheitsförderung und Betriebliches Gesundheitsmanagement mittlerweile Teil der Unternehmensstrategie geworden. Dementsprechend gibt es in diversen Handlungsfeldern zahlreiche Projekte und Initiativen. Diese umfassen u. a. die Bereiche Aufklärung, Bewegung, Demografischer Wandel, Ernährung, Gesundheitsmanagement, Sucht, Stressbewältigung, psychische Belastungen sowie Vorsorge (vgl. BMG 2016c).

3.3 Historische Entwicklung von BGF und BGM

Für eine kritische Auseinandersetzung mit dem „Gesunden Unternehmen" ist ein grundlegendes Verständnis der historischen Entwicklung von Betrieblichem Gesundheitsmanagement unabdingbar. Die folgenden Ausführungen umreißen die zentralen Entwicklungslinien: beginnend mit der Entstehung des deutschen Arbeits- und Gesundheitsschutzes seit Beginn der Industrialisierung, über erste Bemühungen der Betrieblichen Gesundheitsförderung bis zur Etablierung des Betrieblichen Gesundheitsmanagements (vgl. Badura et al. 1999, S. 15).

Die ersten Vorläufer des Betrieblichen Gesundheitsmanagements stellen Ansätze zu einer Arbeitnehmerschutzgesetzgebung zu Beginn der Industrialisierung dar. Diese entstanden jedoch weniger aus sozialer Verantwortung als aus militärpolitischen Gründen, zur Erhaltung der Wehrtauglichkeit. Im Laufe des 19. Jahrhunderts bis zur Weimarer Verfassung erfolgte eine zunehmende Ausweitung des Arbeitnehmerschutzes (vgl. Singer 2010, S. 37 ff.) sowie ein bedeutsamer Ausbau der Sozialgesetzgebung (vgl. ebd., S. 40 f.). Weitere Meilensteine wurden nach 1945, u. a. mit der Verabschiedung des Mutterschutzgesetzes 1952 (vgl. ebd., S. 37 ff.), gesetzt und spätestens seit dem Erlass des Arbeitssicherheitsgesetzes 1973 ist der Arbeits- und Gesundheitsschutz in Deutschland fest etabliert.

> Die gesetzliche Entwicklung der BGF in Deutschland hat sich v. a. seit Mitte der achtziger Jahre entwickelt. Bedeutende Schubkraft erhielt sie durch die gesetzlichen Krankenkassen, einen immer wichtiger werdenden Akteur im Feld der BGF und des BGM (Singer 2010, S. 41).

In der Umsetzung ihres gesetzlichen Präventionsauftrages (vgl. Gesundheitsreformgesetz § 20 SGB V) haben die Krankenkassen seit 1989 zur Entwicklung und Verbreitung der Betrieblichen Gesundheitsförderung beigetragen und entsprechende Projekte initiiert und begleitet. Im Zuge des damit einhergehenden

Wandels in der Auffassung von Gesundheit – von der Krankheitsverhinderung hin zur Gesundheitsförderung – kam es zu einem Paradigmenwechsel: von der Gesundheitserziehung zur Gesundheitsförderung (vgl. Singer 2010, S. 25). Die Bemühungen der Weltgesundheitsorganisation mündeten 1986 in die Verabschiedung der Ottawa-Charta (vgl. Abschn. 2.3). Die Charta betont, dass Gesundheitsförderung auch in der Arbeitswelt ansetzen muss und gilt deshalb als Geburtsstunde der betrieblichen Gesundheitsförderung (vgl. ebd., S. 27). Auch auf europäischer Ebene wurde der Prozess hin zur Betrieblichen Gesundheitsförderung aufgegriffen und Beiträge zu deren Verbreitung und Anwendung geleistet. Zu nennen ist in diesem Kontext etwa die Luxemburger Deklaration zur betrieblichen Gesundheitsförderung in der Europäischen Union (vgl. ENWHP 2007, S. 3), in der sich auch das Bewusstsein widerspiegelt, dass der traditionelle Arbeitsschutz für die Bewältigung gegenwärtiger Herausforderungen, wie Globalisierung, neue Informationstechnologien oder veränderte Beschäftigungsverhältnisse, nicht ausreichen kann (vgl. Kap. 4). Die, im Gegensatz zum Arbeits- und Gesundheitsschutz, nur zögerlich voranschreitende Implementierung der betrieblichen Gesundheitsförderung (vgl. Badura et al. 1999, S. 16), resultiert, einhergehend mit der Verankerung der Mitarbeitergesundheit als strategische Einflussgröße im Unternehmen, in den ersten Versuchen der Unternehmen, die Gesundheit der Mitarbeiter zu managen. Als Folge wird ab Mitte der 1990er Jahre in der Fachliteratur wie im Unternehmenskontext verstärkt von Betrieblichem Gesundheitsmanagement gesprochen, wobei die Betriebliche Gesundheitsförderung zunehmend als deren operativer Kern angesehen wird. In Hinblick auf die gegenwärtigen Herausforderungen, „wurden die Krankenkassen im Jahr 2007 wieder gesetzlich verpflichtet, in Zusammenarbeit mit der Gesetzlichen Unfallversicherung die Unternehmen bei der Implementierung gesundheitsförderlicher Maßnahmen aktiv zu unterstützen“ (Singer 2010, S. 45).

Die vorangehenden Ausführungen zu Gesundheit, Gesundheitskompetenz und Gesundheitsförderung sowie die Erläuterungen zum Betrieblichen Gesundheitsmanagement und der Betrieblichen Gesundheitsförderung bilden die Grundlage für die kritische Auseinandersetzung mit dem Gesunden Unternehmen.

Das Gesunde Unternehmen im Zeitgeist

4

Das „Gesunde Unternehmen" (Rudow 2004) ist als relativ junges Phänomen (vgl. Abschn. 3.3) im Ganzen der gesellschaftlichen Transformationsprozesse der Zeit – und als deren Ausprägung – zu sehen. Eine besondere Rolle spielen dabei die aktuellen gesellschaftlichen Veränderungen im Bereich der Arbeitsorganisation und im Gesundheitsverständnis. Um die bewusst zugespitzt formulierte Frage „Das Gesunde Unternehmen: Utopie oder Dystopie?" zu beantworten, werden die aktuellen Entwicklungen weitergedacht und auf die Zukunft projiziert. Der Utopie des Gesunden Unternehmens, welche die positiven Potenziale des Betrieblichen Gesundheitsmanagements kumuliert, wird die Dystopie des Gesunden Unternehmens als Essenz der potenziellen negativen Entwicklungen Betrieblichen Gesundheitsmanagements gegenübergestellt.

4.1 Gesellschaftliche Transformationsprozesse

Postindustrielle Arbeit entfaltet sich im Spannungsfeld einer globalisierten, zunehmend deregulierten Wirtschaft, der Entwicklung zur Wissens- und Dienstleistungsgesellschaft und der neuen Möglichkeiten der Informationstechnologien (vgl. Pröll 2003, S. 31). Sie geht einher mit neuen Managementkonzepten und Arbeits- und Erwerbsformen, die sich zunehmend vom bis dato als Ideal gesetzten „Normalarbeitsverhältnis" der industriellen Epoche unterscheiden. In der Diskussion um moderne Erscheinungsformen der Arbeitsorganisation werden diese Entwicklungen unter dem Schlagwort „Entgrenzung von Arbeit und Arbeitskraft" thematisiert (vgl. Kattwinkel und Petzi 2015, S. 845). Als Grundmerkmale dieser Entgrenzung lassen sich eine zunehmende Flexibilisierung

M. Petzi und S. Kattwinkel, *Das Gesunde Unternehmen zwischen Utopie und Dystopie*, essentials, DOI 10.1007/978-3-658-15146-1_4

von Arbeitsverhältnissen und eine „Subjektivierung von Arbeit im Sinne eines Bedeutungszuwachses individueller Leistungen und Handlungen im Kontext der Arbeitswelt" (ebd., S. 846) identifizieren. Parallel diesen Entwicklungen im Bereich der Organisation von Arbeit lässt sich ein Wandel des gesellschaftlichen Verständnisses und der Rolle von Gesundheit attestieren:

> Die Gesundheitsgesellschaft des 21. Jahrhunderts muss mit neuen Denkmodellen gefasst werden, denn Gesundheit ist selbst zur treibenden Kraft in der Gesellschaft geworden – ökonomisch, politisch und sozial. Diese Dynamik bestimmt sich aus der veränderten Lebensumwelt der Menschen und aus der veränderten Bedeutung, die die Gesundheit in der modernen Gesellschaft und für jeden Einzelnen hat (Kickbusch 2006, S. 5).

Als Indikatoren für die zentrale Rolle, die der Gesundheit in modernen Gesellschaften zukommt, können paradigmatisch der Zuwachs der Mitgliederzahlen von Fitnessstudios,[1] der gestiegene Umsatz mit Bio-Lebensmitteln[2] sowie das globale Auftauchen des Phänomens der Selbstoptimierung[3] gesetzt werden.

Eine kritische Auseinandersetzung mit Betrieblichem Gesundheitsmanagement kann jedoch nur mit Bezug auf die sich vollziehenden gesellschaftlichen Transformationsprozesse erfolgen. Nicht zuletzt, da das Betriebliche Gesundheitsmanagement gleichsam eine Manifestation dieses Wandels in den Bereichen der Arbeitsorganisation und der Gesundheit darstellt, als auch als Instrument des Umgangs mit den daraus entstehenden, neuen Anforderungen an Arbeitnehmer und Arbeitgeber und Maßnahmen zur Entschärfung potenzieller neuer gesundheitlicher Belastungsszenarien gedacht ist.

Transformationen der Arbeitswelt

Die derzeit zu beobachtende Tendenz einer Entgrenzung von Arbeit wird seitens Meschnig (2003, S. 73 f.) als Vermächtnis der New Economy gedeutet, welche

[1]In Deutschland verdoppelten sich diese von 4,38 auf 9,08 Mio. im Zeitraum von 2003 bis 2014 (vgl. DSSV 2016).

[2]In Deutschland vervierfachte sich dieser von 2,1 auf 8,62 Mrd. EUR im Zeitraum von 2000 bis 2015 (vgl. BÖLW 2016).

[3]Vgl. hierzu u. a. Klopotek und Scheiffele (2015).

die Verschmelzung der bürgerlichen Arbeitsgesellschaft und der Spaßgesellschaft[4] propagierte und damit einen historischen Wandel initiierte. Arbeit wurde nun nicht mehr als reine Erwerbsarbeit gedacht, sondern als Möglichkeit der Selbstverwirklichung und -entfaltung zum Lebensstil (vgl. ebd., S. 76) erhöht. Einhergehend mit einer gelebten Event-Kultur (vgl. ebd., S. 77), welche Arbeit aus dem Bereich des „Mühsamen aber Notwendigen" in den Bereich des „Positiven Erlebnisses"[5] überführte – Hitzler (2011, S. 19) spricht in diesem Kontext von der Eventisierung des Lebens – verschwimmen die Grenzen von Arbeits- und Privatsphäre zunehmend. Die Flexibilisierung von Arbeitszeit und -ort sowie der zunehmende Bedeutungszuwachs, bis dato als individuell geltender Leistungen und Handlungen für Beruf und Arbeitswelt, sind symptomatisch für diese Entgrenzung.

Das Faktum, dass die Krise der New Economy, ausgelöst durch das Platzen der sogenannten Dotcom-Blase zu Beginn des neuen Jahrtausends, dieses neue Verständnis von Arbeit nicht revidiert und seiner Wirkmacht entzogen hat, ist laut Meschnig (2003, S. 76) der Tatsache geschuldet, dass es sich bei diesem Wandel weniger um Veränderungen im Bereich der Organisation von Arbeit, als vielmehr um einen bereits seit Jahrzehnten sukzessive stattfindenden Wandel der Mentalität handelt.[6] Meschnig (2003, S. 76) beschreibt diese Mentalitätsverschiebung folgendermaßen:

> Die Startups jedenfalls kreierten „Arbeiten als Lebensstil" nicht aus einem kulturlosen, leeren Raum, sondern nahmen eine gesellschaftliche Entwicklung, eine allgemeine Mentalitätsverschiebung auf, die in den letzten Jahrzehnten sukzessive stattgefunden hatte. Dieses Neue Denken, welches selbst ein ökonomisch-rationales ist, ist schon länger Teil des Zeitgeistes, aber in der New Economy fand es eine

---

[4]Der in den 1990er Jahren geprägte Begriff der Spaßgesellschaft als zumeist pejorative Beschreibung eines als konsumorientiert, hedonistisch und politisch desinteressiert postulierten Lebensstils der New Economy wurde seitens der Wissenschaft überwiegend aus einer aversiven, kulturpessimistischen Position thematisiert. Vgl. hierzu beispielsweise Hahne (2007). Schluss mit lustig! Das Ende der Spaßgesellschaft.

[5]Schulze (2005) greift dieses Verständnis auf und entwirft unter Einbezug weiterer Faktoren das kultursoziologische Bild der Erlebnisgesellschaft.

[6]Unter anderem spielen die Humanisierung des Arbeitslebens, welche ab 1960 als Kritik an tayloristischer Arbeitsorganisation in der Arbeitswelt Einzug hält und mehr Autonomie und Partizipation der Arbeitenden fordert, sowie die Neuen Produktions- und Managementkonzepte der 1980er Jahre, welche mit einer zunehmenden Dezentralisierung von Arbeit einhergehen, eine Rolle für die hier angesprochene sukzessive Mentalitätsverschiebung. Ein historischer Abriss der Rationalisierung von Arbeit findet sich bei Kattwinkel und Petzi (2015).

ökonomische Entsprechung. Dieser Zeitgeist akzeptiert nicht nur eine lebensbejahende Totalisierung der Arbeit, sondern weitet sie auf alle Lebensbereiche aus.

Als Manifestation dieses Zeitgeistes lässt sich derzeit die Tendenz beobachten,[7] die Naturwüchsigkeit des Gesamtsystems „Markt" auf das Unternehmen zu übertragen und, damit einhergehend, die unternehmerische Verantwortung an die Beschäftigten weiter zu reichen (vgl. Schmid 2003, S. 31 f.).[8] Der Kern dieses neuen Managementkonzepts, einer als indirekt titulierten Form der Steuerung,[9] ist die Nomination der weiterhin abhängig beschäftigten Mitarbeiter zu „Unternehmern im Unternehmen" (ebd., S. 31), sogenannten „Intrapreneuren" (Verwoert 2003, S. 52). Die damit einhergehende gesteigerte Bedeutung entrepreneurialen bzw. managerialen Denkens bleibt dabei nicht auf den Bereich der Arbeit beschränkt, sondern durchdringt zunehmend mehr Lebensbereiche. Bröckling (2012, S. 131) illustriert diesen Wandel im Postulat des Management-Regimes:

> Nicht als Klassenherrschaft, sondern als Hegemonie managerialen Denkens in nahezu allen Lebensbereichen, nicht als Alternative zum, sondern als spezifischer Rationalitätstyp und Ensemble von Techniken für das erfolgreiche Bestehen im Kapitalismus hat sich die Managergesellschaft durchgesetzt.

Dieses manageriale Denken zeichnet sich aus durch eine Kosten-Nutzen-Logik, die Logik der Effizienz (vgl. Schmidt 2005, S. 145 ff.), welche vom Beschäftigten, der sich als Ich-Ressource (vgl. Verwoert 2003) wahrnimmt, verinnerlicht wird und welche zunehmend auch den privaten Alltag beherrscht (vgl. Schmidt 2005, S. 146), was sich u. a. in der Betrachtung des Freizeitverhaltens unter Kosten-Nutzen-Aspekten[10] und einem individuellen Freizeitmanagement (vgl. ebd., S. 146) ausprägt. Im Einklang damit beschreibt Pongratz (2002, S. 12) die wesentlichen Merkmale des neuen Beschäftigten, des Arbeitskraftunternehmers,

---

[7]Diese Entwicklung trifft nicht für alle Bereiche der Arbeit gleichermaßen zu und zeigt sich vor allem in den neuen Dienstleistungsberufen der Wissens- und Informationsgesellschaft, z. B. in Call-Centern.

[8]Diese Tendenz wird seitens der Wissenschaft, insbesondere der Soziologie unter verschiedenen Schlagworten wie „Das unternehmerische Selbst" (Bröckling 2013), „Arbeitskraftunternehmer" (Pongratz und Voß 2003), „Der Ich-Unternehmer" (Meschnig 2003), „Die Selbst-GmbH" (Schmid 2003), etc. gefasst.

[9]Vgl. zur indirekten Steuerung Fiehler und Sauer (o. J.).

[10]Es stellt sich hier beispielsweise die Frage „ob der Erholungswert oder der gewonnene Spaß auch die investierte Lebenszeit rechtfertigen" (Schmidt 2005, S. 146).

als Selbst-Kontrolle, Selbst-Ökonomisierung und Selbst-Rationalisierung. Selbst-Kontrolle – die „verstärkte selbständige Planung, Steuerung und Überwachung der eigenen Tätigkeit" – und Selbst-Ökonomisierung – die „zunehmend aktiv zweckgerichtete „Produktion" und „Vermarktung" der eigenen Fähigkeiten und Leistungen – sowohl auf dem Arbeitsmarkt wie innerhalb von Betrieben" – verortet Pongratz (2002, S. 12) dabei weiterhin im Bereich der Arbeit. Die Selbst-Rationalisierung – als „wachsende bewusste Durchorganisation von Alltag und Lebensverlauf und Tendenz zur Verbetrieblichung von Lebensführung" – wird von Pongratz (2002, S. 12 f.) dieser Restriktion entzogen und als alle Lebensbereiche beeinflussend angenommen:

> Erforderlich wird eine zweckgerichtete, alle individuellen Ressourcen gezielt nutzende Durchgestaltung des gesamten Lebenszusammenhangs, der in neuer Qualität systematisch auf den Erwerb ausgerichtet wird.

Die von Meschnig (2003, S. 76) postulierte Ausweitung der Totalisierung der Arbeit auf alle Lebensbereiche bedeutet nun die „Herstellung und Vermarktung eines besonderen Produkts unter besonderen Bedingungen, nämlich von Arbeitskraft im Rahmen privater Lebensführung" (Pongratz 2002, S. 13). Die auf den Erwerb ausgerichtete, gezielte Nutzung aller individuellen Ressourcen (vgl. ebd.) beinhaltet selbstverständlich auch die Ressource Gesundheit, welche jedoch unter dieser Perspektive eine neue Deutung als physische und psychische Leistungsfähigkeit wiederfährt.

Im managerialen Denken des Arbeitskraftunternehmers, der sich als Ich-Ressource wahrnimmt, deren Effizienz – zumindest bis heute im Rahmen biologischer Grenzen[11] – gesteigert werden kann, wird „optimale" Gesundheit bzw. physische und psychische Leistungsfähigkeit, ganz im Sinne eines Ressourcenmanagements, nicht nur zur Aufgabe des Einzelnen, sondern zur notwendigen Voraussetzung einer gelingenden Selbstvermarktung und eines erfolgreichen Bestehens im – flexiblen (Sennett 1998) – Kapitalismus (vgl. Bröckling 2012, S. 131). Die Ressource Gesundheit wird somit, neben den Ressourcen Zeit und Geld, zur Voraussetzung eines Lebens in beschleunigten und flexibilisierten Lebens-, Arbeits- und Umweltbedingungen (vgl. Kickbusch 2006, S. 15 f.).

[11] Wobei die Zunahme des Konsums vermeintlich gesundheitsförderlicher und/oder leistungssteigernder legaler wie illegaler Substanzen (Medikamente, Functional Food, Nahrungsergänzungsmittel, Drogen, etc.) zumindest in Richtung des Versuchs der Ausweitung der individuellen biologischen Grenzen weist (vgl. Kickbusch 2006, S. 17).

Transformationen des Gesundheitsverständnisses

Neben der Verbreitung des managerialen Denkens in nahezu allen Lebensbereichen – samt der geschilderten Implikationen für das Gesundheitsverständnis – lässt sich in der Moderne die kontinuierliche Expansion der Gesundheit in alle gesellschaftliche Bereiche beobachten. Das Ergebnis dieser Expansion ist nach Kickbusch (2006, S. 34) die Gesundheitsgesellschaft.[12] Besondere Relevanz schreibt Kickbusch (2006, S. 8) dem im Rahmen der Gesundheitsgesellschaft[13] stattgefundenen normativen Durchbruch zu. Gesundheit

> gilt als Teil der modernen Lebensqualität, des Wohlbefindens und des Lebensglücks. In dieser Perspektive wird Gesundheit konkret fassbar und es wird deutlich, dass man immer und überall etwas für seine Gesundheit tun kann, auch in kleinen Schritten. Gedanken zu einer gesunden Ernährung, genug Bewegung, ausreichende Erholung und Schlaf rücken mehr und mehr ins Zentrum der Faktoren, die Gesundheit nachhaltig und positiv beeinflussen können. Das Ziel ist nicht mehr die perfekte Gesundheit als Utopie, sondern Gesundheit als eine positive Lebensressource. Ihre Machbarkeit ist näher an den Alltag gerückt (ebd., S. 35).

Die Totalisierung der Arbeit und ihre Ausweitung auf alle Lebensbereiche (vgl. Meschnig 2003, S. 76), die auf den Erwerb ausgerichtete, gezielte Nutzung aller individuellen Ressourcen (vgl. Pongratz 2002, S. 13), inklusive der Gesundheit als „positive Lebensressource" (Kickbusch 2006, S. 35) und das Verständnis der konkreten, alltäglichen „Machbarkeit" (ebd.) von Gesundheit, ergeben die

---

[12]Beck (2003) wirft im Rahmen seiner „Risikogesellschaft" einen kritischen Blick auf diese Entwicklungen. Der Fokus liegt dabei auf den damit einhergehenden mentalen Transformationen, die er, analog der von Bröckling (2012) postulierten Hegemonie des managerialen Denkens, als Expansion des medizinischen Denkens in allen gesellschaftlichen Bereichen beschreibt, und an einen kontinuierlich expandierenden Markt für Medizin- und Gesundheitsprodukte koppelt.

[13]Der englischsprachige Diskurs behandelt die hier unter dem Konzept der „Gesundheitsgesellschaft" gefasst Thematik unter dem Schlagwort „healthism", welcher als Kritik einer gesundheitszentrierten Lebensweise gedacht wird. Vgl. hierzu beispielsweise Henderson et al. (2009), Roberts (2014) sowie Roberts und Leonard (2016). Hähner-Rombach (2014) spricht in diesem Kontext vom „Gesundheitsdiktat".

Gemengelage, vor der Betriebliches Gesundheitsmanagement und das Konzept des Gesunden Unternehmens einer kritischen Analyse unterzogen werden sollen.

4.2 Das Gesunde Unternehmen im gesellschaftlichen Wandel

Betriebliches Gesundheitsmanagement und damit auch das Ideal des Gesunden Unternehmens sind Ausformungen des skizzierten Zeitgeistes und bedürfen nicht zuletzt deshalb eines kritischen Blicks. Im Rahmen dieses Werkes soll der Fokus dabei auf dem, der Gesundheitsgesellschaft zugrunde liegenden, normativen Gesundheitsverständnis, den Belastungen flexibler Arbeit, aber auch datenschutzrechtlich relevanten Fragen liegen.

Gesundheit normativ und als moralische Kategorie

Gesundheit erfährt in der Gesundheitsgesellschaft eine normative Deutung als „positive Lebensressource" (ebd.) im Tenor der „Machbarkeit" (ebd.). Gesundheit wird dabei „als Teil der modernen Lebensqualität" (ebd.) und „Teil der Erfahrung durch die das moderne Ich sich selbst bestimmt" (ebd., S. 10) zunehmend individualisiert und erfährt aufgrund des Machbarkeitspostulats eine aktive Komponente: der bis dato passive Zustand Gesundheit wird zunehmend als aktive Tätigkeit des Individuums wahrgenommen.

Diese Entwicklung nun, ist ambivalent: Sie birgt Chancen wie Gefahren für Individuum und Gesellschaft, deren Realisierung aufgrund des prognostizierenden Charakters der hier vorgenommenen Analyse aktueller Tendenzen in der Zukunft zu verorten ist. Utopie und Dystopie gehen dabei – wie so oft – Hand in Hand.

Das normative Gesundheitsverständnis – Gesundheit als positive Lebensressource – geht einher mit einem gesteigerten Gesundheitsbewusstsein in modernen Gesellschaften (Kickbusch 2006, S. 7 ff.), welches sich – ganz im Sinne eines Verständnisses von Gesundheit als aktiver Tätigkeit – in individuellen Bemühungen um Gesundheit und Gesundheitssteigerung niederschlagen. Neben der Sorge um ausreichend Bewegung, gesunde Ernährung, genügend Erholung und Schlaf – Faktoren, die Gesundheit nach Kickbusch (2006, S. 35) nachhaltig und positiv beeinflussen können – lassen sich auch fragwürdigere Tendenzen als Ausprägung des individualisierten, aktiven Gesundheitsverständnisses beobachten: u. a. die Zunahme des Konsums vermeintlich gesundheits- respektive wohlbefindensförderlicher und leistungssteigernder legaler wie illegaler Substanzen (Functional Food, Nahrungsergänzungsmittel, Medikamente, Lifestyle-Drogen, illegale Drogen, etc.) (vgl. ebd., S. 17, 47).[14]

In Verbindung mit dem ökonomischen Verständnis von Gesundheit als Ressource des unternehmerischen Selbst nehmen diese Tendenzen zunehmend dystopische Züge an: Es zeichnet sich hier nicht nur die von Kickbusch (2006, S. 34) proklamierte Gefahr der Perfektionierung des Menschen – eine dem Gesundheitsverständnis der Moderne immer inhärente Tendenz und Altlast der Aufklärung – ab, vielmehr wird nun im Kontext des flexiblen Kapitalismus die Tendenz zur Perfektionierung der Arbeitskraft ersichtlich. Und dies paradoxerweise im Gewand der Selbstverwirklichung.

Diese Entwicklung birgt – mit Blick auf eine dystopische Zukunft, aber auch eine sehr reale Vergangenheit[15] – weitere Gefahren: die normativ als positive Lebensressource gedeutete Gesundheit wird unter der ökonomischen Perspektive einer subjektivierten Arbeitswelt nicht nur zur Voraussetzung für das Bestehen in dieser, sondern, im nächsten Schritt, zum Distinktionsmerkmal. Gesundheit als Ressource, als ökonomischer Faktor erbringt in einem Wettbewerbsorientierten System und unter Konkurrenzbedingungen Vorteile. Wenn Gesundheit mit Leistungsfähigkeit, mit weniger Fehlzeiten, aber vor allem auch mit ökonomisch relevanten Kompetenzen und Tugenden[16] verbunden wird, wird der Ungesunde – bzw., und das ist interessant, vor allem der vermeintlich ungesund Lebende, also der Übergewichtige, Adipöse, der Raucher, der Sportmuffel – unter der Perspektive der Machbarkeit von Gesundheit zunehmend suspekt. Die Verknüpfung von Gesundheit und Arbeitskraft wie sie im Betrieblichen Gesundheitsmanagement aus ökonomischen Gründen vorgenommen wird (vgl. Kap. 3), birgt diese

[14]Paradoxerweise sind weder die gesundheitsförderlichen Wirkungen vieler der unter diesem Label angebotenen Produkte nachgewiesen noch die Langzeitwirkungen untersucht worden. Der Konsum von Lifestyle-Drogen, zu denen auch Anti-Depressiva zählen, und illegaler Drogen zur Steigerung des Wohlbefindens und der Leistungsfähigkeit spiegelt die gesteigerte Bedeutung, die psychische Gesundheit im gesellschaftlichen Diskurs spielt, wie auch die gestiegenen Leistungsanforderungen.

[15]Kickbusch (2006, S. 32 f.) weist darauf hin, dass vor allem das medizinische 20. Jahrhundert Gesundheit als medizinisch definierte Norm verstanden hat und zur sozialen Ausschließungskategorie hat werden lassen. Im totalitären System des Nationalsozialismus führte dieses Denken zur massenhaften Ermordung derjenigen Menschen die nicht dieser konstruierten Norm entsprachen.

[16]Unter der Perspektive der Machbarkeit von Gesundheit lässt sich diese an Kompetenzen wie Durchhaltevermögen, die Fähigkeit zur Selbstmotivation, einen ausgeprägten Leistungssinn, Selbstachtung, etc. knüpfen. Zu den modernisierten Kardinaltugenden vgl. Nida-Rümelin (2015, S. 179 ff.).

Gefahr – wie auch das Potenzial, einen tatsächlichen Beitrag zur individuellen und kollektiven Gesundheit zu leisten – in sich und kann, führt man den dystopischen Gedanken weiter, darin resultieren, dass Gesundheit zunehmend vom persönlichen Wohlbefinden zu einer Forderung des Arbeitgebers wird. Die Realität dieser Gefahr verdeutlichen aktuelle Entwicklungen in den U.S.A.:

> For most of us, our health is a work-in-progress. A nagging voice in the back of our heads reminds us that we should shed a few pounds or give up smoking. Yet time and time again, many of us still reach for a second cupcake or light up a cigarette. But what if employers could use these seemingly personal choices related to our wellness to make decisions regarding whether to hire us, even if we never eat or smoke at work? Recently, employers around the country attempted to do just that (Roberts 2014, S. 573).

Als konkrete Beispiele dieser Entwicklung benennt Roberts (2014, S. 573) mit dem „Methodist Hospital System" und dem „Baylor Health Care System" zwei große regionale Arbeitgeber. Beide Unternehmen sind dazu übergegangen, keine Tabak konsumierenden Bewerber mehr einzustellen. „Methodist" plant, das Tabakverbot im Rahmen seines Programms „Tabakfreier Arbeitgeber" mittels obligatorischen Urinproben durchzusetzen. Bewerbern, die positiv auf Tabak getestet wurden, wird das Jobangebot entzogen: allerdings erhalten sie die Möglichkeit, an einem kostenlosen Tabakentwöhnungsprogramm teilzunehmen. Können die Bewerber 90 Nikotinfreie Tage nachweisen, werden sie erneut zur Bewerbung zugelassen. Das Unternehmen „Baylor" hat diesen Schritt bereits getan: seit Januar 2012 werden keine Tabakkonsumenten mehr eingestellt. Um die Einhaltung der Richtlinie zu gewährleisten, wurde dem bereits bestehenden, obligatorischen Drogenscreening ein Test auf die – immer noch legale – Substanz Nikotin hinzugefügt.

Diese Entwicklung beschränkt sich jedoch nicht auf die Substanz Nikotin. Roberts (2014, S. 574) schildert das Beispiel des „Citizens Medical Center" (CMC), einem Bezirkskrankenhaus, welches eine Richtlinie gegen die Einstellung von Menschen mit einem Body Mass Index (BMI) von 35 und darüber geschaffen hatte. Ab einem BMI von 35 gelten Menschen als adipös, was mit einem erhöhten Risiko für einige, mit Gewicht in Verbindung gebrachte, Krankheiten wie Bluthochdruck und Typ 2 Diabetes einhergeht. Begründet wurde die Einführung der Richtlinie seitens des Unternehmens mit dem Anspruch, ein gesundes Image zu verkörpern. Die BMI-Richtlinie wurde seitens „CMC" nach kurzer Zeit und infolge negativer Reaktionen der Öffentlichkeit wieder revidiert; jedoch nicht, ohne sie zunächst und unter Berufung auf das gesunde Image des Unternehmens zu verteidigen.

Gesundheit – und das verdeutlichen die hier angeführten Beispiele überaus plastisch – ist somit – zumindest in den U.S.A. – nicht nur bereits zu einer Forderung des Arbeitgebers geworden, sondern die Gesundheit des Bewerbers bzw. dessen vermeintlich gesundheitsförderliches oder -schädliches Verhalten wird zunehmend auch zum Kriterium für Personalentscheidungen. Eine Vorstellung die einer Dystopie würdig wäre, wären die hier angeführten Beispiele nicht aktuell und real. Die hier skizzierten unternehmerischen Praktiken gehen über die Bevormundung der Mitarbeiter hinaus und nehmen diskriminierende Züge an, insofern das Gesundheitsverhalten bzw. die Gesundheit des Einzelnen zum Einstellungskriterium wird. In welchem Maße Diskriminierung auf der Basis der Gesundheit, im englischsprachigen wissenschaftlichen Diskurs unter dem Schlagwort „healthism"[17] gefasst, möglich ist, ist abhängig von nationalen Gesetzeslagen[18] und – auch das verdeutlichen die genannten Beispiele – „der steten Wachsamkeit und Gegensteuerung" (Kickbusch 2006, S. 35) der Öffentlichkeit. Schwerwiegender als die hier skizzierte Gefahr der Diskriminierung auf der Basis von Gesundheit durch die Unternehmen ist die bereits angesprochene Gefahr auf gesellschaftlicher Ebene:

> Eine besondere Gefahr liegt heute […] darin, dass sich positive Gesundheitsorientierung, Markt und Machbarkeit verbinden und sich an der historischen Utopie der "Perfektionierung des Menschen" orientieren (Kickbusch 2006, S. 45).

Welche Übel die historische Utopie der „Perfektionierung des Menschen", die Aufwertung von Gesundheit und die damit einhergehende Ächtung der Krankheit, hervorbringen können, hat der Nationalsozialismus auf verheerende Art deutlich gemacht. Sie sollen an dieser Stelle nicht weiter thematisiert werden, zumal die heutigen Gefahren „weniger bei den Machenschaften eines totalitären Gesundheitsstaates" (ebd.) liegen. Dennoch sollten diese Auswüchse der Perfektionierung des Menschen auch in der Bewertung der aktuellen Entwicklungen

---

[17]Vgl. hierzu beispielsweise Roberts (2014) sowie Roberts und Leonard (2016).

[18]Die unterschiedlichen nationalen Gesetzeslagen werden im Rahmen dieses Werkes nicht erörtert. Da es den Autoren um das Aufzeigen kritisch zu betrachtender Tendenzen im Rahmen des neuen Gesundheitsverständnisses und der zunehmenden Verankerung von Betrieblichem Gesundheitsmanagement im Gesunden Unternehmen geht, ist dieser Schritt für die Argumentation irrelevant. Interessant ist dennoch, dass das Allgemeine Gleichstellunggesetz, „das der Umsetzung verschiedener europäischer Antidiskriminierungsrichtlinien dient, […] das Merkmal der „chronischen oder häufigen Krankheit" als eigenständiges Diskriminierungsmerkmal nicht vor[sieht]" (Deutscher Bundestag 2015, S. 7).

immer im Gedächtnis bleiben, vor allem da „Gesundheit [...] in der Moderne immer hin und her gerissen [ist; d. A.] zwischen Utopie, Machbarkeit, Individualisierung, Emanzipation, Kontrolle und Totalitarismus“ (ebd., S. 32).

Der aktuelle Zeitgeist, der gleichermaßen die „Totalisierung der Arbeit“ (Meschnig 2003, S. 76) als auch die Totalisierung der Gesundheit akzeptiert, der Gesundheit im managerialen Denken normativ als machbare, individuelle Ressource begreift, lässt den Ungesunden bzw. den vermeintlich ungesund Lebenden nicht nur aus Perspektive des Unternehmens, sondern zunehmend aus gesamtgesellschaftlicher Perspektive suspekt werden. Wenn Gesundheit machbar ist, haftet Krankheit zunehmend das Stigma des Selbstverschuldeten an. Das transformierte Krankheitsverständnis dieses Zeitgeistes bringt Schmidt-Semisch (2012, S. 174) auf den Punkt:

> Grundsätzlich gelte, Krankheit sei vermeidbar, wenn man nur ein ausreichendes Informations- und Risikomanagement betreibe und einen adäquaten Lebensstil pflege.

Unter der Voraussetzung der positiven Gesundheitsorientierung wird Gesundheit damit zur moralischen Kategorie verklärt: Gute Menschen leben gesund, schlechte Menschen leben ungesund. Wenn Gesundheit mit Galvin (2002, S. 112) „a sign of good moral character and individual worth“ ist, wird Krankheit mit „moral failure“ gleichgesetzt. Gesundheit wird mit Galvin (2002, S. 112) zur Pflicht oder wie Greco (1993) es nennt: „a duty to be well“.

Wenn nun die Gesundheit der Mitarbeiter in dieser Lesart als wichtiger, wenn nicht im Rahmen des Gesunden Unternehmens als zentraler ökonomischer Faktor im Unternehmen Einzug hält, wenn im Rahmen des Betrieblichen Gesundheitsmanagements vielfältige gesundheitsfördernde Maßnahmen für die Mitarbeiter angeboten werden, besteht die Gefahr, dass die Tendenz, Gesundheit als moralische Kategorie zu begreifen, zusätzlich bestärkt wird. Der Kranke kommt zunehmend in den Verdacht eben kein „ausreichendes Informations- und Risikomanagement“ (Schmidt-Semisch 2012, S. 174) betrieben zu haben bzw. keinen „adäquaten Lebensstil“ (ebd.) zu pflegen. Krankheit wird, wie Gesundheit, individualisiert: Ullrich (1999, S. 12) spricht von der „Re-Individualisierung von Existenzrisiken.“

Eine Entwicklung hin zur Re-Individualisierung von Existenzrisiken lässt sich nun auch für den Bereich der privaten und gesetzlichen Krankenversicherung befürchten.[19] Im Rahmen einer Kleinen Anfrage an die Bundesregierung reagierten einige Abgeordnete auf Ankündigungen privater Krankenversicherungen die Weitergabe freiwillig mithilfe sogenannter Gesundheits-Apps gesammelter Gesundheitsdaten durch ihre Versicherten mit Beitragsrückerstattungen und Boni (Gutscheine, Geschenke, Rabatte) zu gratifizieren (vgl. Deutscher Bundestag 2015). Neben datenschutzrechtlichen Fragen (vgl. Abschn. 4.3) äußerten die Abgeordneten die Befürchtung, dass diese Praktik zu einer „Individualisierung des Gesundheitsrisikos im Bereich der Tariflandschaft der PKV" (Deutscher Bundestag 2015, S. 2) beitragen könnte und somit eine Gefahr für das „Prinzip des solidarischen Lastenausgleichs" (ebd.) im Gesundheitssystem darstellt. Vor allem die Annahmepolitik der Versicherungen zur Absicherung von Lebensrisiken bei Antragstellung steht im Fokus der Kritik der Abgeordneten:

> Je mehr Daten zur individuellen Risikoadjustierung der Tarife zur Verfügung stehen, umso gezielter können Risikozuschläge bzw. Boni oder Beitragsrückerstattungen eingesetzt werden. Bei einer Krankenversicherung führt die genaue Abschätzung des Risikos letztlich dazu, dass genau diejenigen nur zu schlechten Konditionen, wenn überhaupt, eine Versicherung erhalten, die sie am dringendsten nötig hätten. Letztlich führt diese verstärkte Individualisierung zu einer weiteren Entsolidarisierung in der privaten Krankenversicherung (PKV). Die einen bekommen Rückerstattungen, Boni oder Geschenke, weil sie gesund sind und dies der Versicherung beweisen. Da die Ausgaben im Versichertenkollektiv aber nicht gleichzeitig geringer werden, müssen die kranken Versicherten und diejenigen, die ihre Daten nicht preisgeben wollen, mit Beitragserhöhungen rechnen (Deutscher Bundestag 2015, S. 2).

Die durch die Abgeordneten geäußerte Vermutung „Derzeit scheinen derartige neue Modelle rechtlich zulässig zu sein" (ebd.), wird durch die Antwort der Bundesregierung unter Verweis auf die derzeit noch nicht absehbaren „langfristigen Folgen […] für das Gesundheitssystem, insbesondere für das Prinzip des solidarischen Lastenausgleichs" (ebd.) der geschilderten Entwicklungen, bestätigt. Mehr noch werden diese neuen Modelle zunehmend von den gesetzlichen Krankenversicherungen übernommen. So bietet beispielsweise die AOK Nordost im Rahmen ihres Programmes „FitMit AOK" ein umfassendes Prämienprogramm – von

---

[19]Es sei in diesem Zusammenhang erneut auf den prognostischen Charakter dieser Überlegungen hingewiesen: die Gefahr dieser Entwicklung besteht, gleichsam dem Potential des Betrieblichen Gesundheitsmanagements das Individuum in der Pflege eines adäquaten Lebensstils wie auch dem Umgang mit den neuen Belastungen flexibilisierter Arbeit zu unterstützen, ohne zu bevormunden oder zu diskriminieren. Welche Richtung die Entwicklung nimmt, ist abhängig von vielfältigen Faktoren und lässt sich zum aktuellen Zeitpunkt nicht abschätzen.

Sachprämien, Spenden an gemeinnützige Organisationen bis hin zu Bargeld – für alle Mitglieder, die mittels der eigenen AOK-App Gesundheitsdaten sammeln und einreichen (vgl. AOK 2016a). Die von den Abgeordneten in der Kleinen Anfrage geäußerte Befürchtung, dass Krankenversicherungen, die Datensammlungen durchführen, einen Wettbewerbsvorteil gegenüber Wettbewerber erlangen, die dies nicht tun (vgl. Deutscher Bundestag 2015, S. 1), scheint im doppelten Sinne zuzutreffen. Einerseits verfügen die Daten sammelnden Versicherungen über genauere Informationen über ihre Versicherten (ebd.), andererseits werden die Prämiensysteme von den Versicherten zunehmend nachgefragt, was von den Versicherungen aktiv genutzt wird. So wirbt die AOK Nordost mittlerweile damit, dass auch Nicht-Mitglieder mittels der AOK-App Daten sammeln können, welche sie bei der Entscheidung für einen Krankenkassen-Wechsel in Form von Prämien einlösen können (vgl. AOK 2016a). Eine weitere Verbreitung dieser Modelle ist somit absehbar. Die Gefahren einer Individualisierung des Gesundheitsrisikos und einer Entsolidarisierung in der privaten wie der gesetzlichen Krankenversicherung gilt es, vor allem vor dem Hintergrund der transformierten Verständnisse von Krankheit und Gesundheit, im Blick zu behalten. Die Herausforderungen, die sich daraus ergeben können, schildert Kickbusch (2006, S. 27):

> In der Gesundheitsgesellschaft könnten sich neue Verteilungskämpfe anbahnen. Nicht nur zwischen arm und reich, sondern auch zwischen alt und jung, gesund und krank, Menschen in verschieden sicheren Arbeitsverhältnissen, Menschen mit und ohne Kinder, BürgerInnen und AusländerInnen und schließlich reichen und armen Ländern. Die Gesundheitsgesellschaft erfordert die Auseinandersetzung mit tradierten Solidaritäten des europäischen Sozialstaates […] auf persönlicher, sozialer, nationaler und internationaler Ebene.

Im Rahmen des Betrieblichen Gesundheitsmanagements, einer Ausformung des Zeitgeistes, mit dem Potenzial, diese tendenziell negativen Entwicklungen abzuschwächen, aber auch zu potenzieren, gilt es, diese Gefahren mit Fokus auf die unternehmerische Ebene ebenfalls im Blick zu behalten. Die Rolle, die den Krankenversicherungen bei der Implementierung von Betrieblichem Gesundheitsmanagement im Unternehmen zukommt – das Bundesministerium für Arbeit und Soziales nennt die Krankenkassen in seiner Broschüre „Empfehlungen für eine neue Kultur der Gesundheit im Unternehmen" an erster Stelle der externen Berater für den Aufbau eines Betrieblichen Gesundheitsmanagements (vgl. BMAS 2013) – lässt eine besondere Wachsamkeit geboten erscheinen.

Plakativer noch ist die, im Rahmen der Kleinen Anfrage geäußerte, Befürchtung der gesellschaftlichen Konformitätszunahme als Folge dieser Entwicklungen. In Bezug auf die Praxis der Datensammlung der Versicherungen formulieren es die Abgeordneten folgendermaßen:

> Sieht die Bundesregierung das Risiko, dass durch diese Überwachung Verhaltensänderungen herbeigeführt werden können, und dass die verstärkte Überwachung so zu einer höheren Konformität der Gesellschaft und zu einer ungeahnten Macht der Vorgaben der Versicherung im Alltag führen kann? (Deutscher Bundestag 2015, S. 5).

Diese Überwachung der Gesundheit mittels technischer Hilfsmittel durch das Individuum – das sogenannte self-tracking (vgl. Klopotek und Scheiffele 2015) – ist in seiner Entstehung eng an die subkulturelle Bewegung des „Quantified-Self" (vgl. ebd.) geknüpft, deren Optimierungsgedanke explizit ist. Es geht demnach nicht nur um die Erhebung von Daten, sondern vielmehr um die mittels der erhobenen Daten belegbare, quantifizierbare Optimierung des Selbst. Es lässt sich vermuten, dass dieser mit der Selbstüberwachung einhergehende Optimierungsgedanke von den Krankenkassen, sofern nicht sogar intendiert, zumindest begrüßt wird. Welche tatsächlichen Konsequenzen das self-tracking – und nichts anderes wird von den Krankenversicherungen hier beworben – für Individuum und Gesellschaft hat, ist Thema vielfältiger wissenschaftlicher Studien, jedoch bis zum heutigen Stand aufgrund der relativ neuen Entwicklung Desiderat. Dass das Erheben von Gesundheitsdaten, geknüpft an den Selbstoptimierungsgedanken zu Verhaltensänderungen führen kann, genannt seien hier beispielsweise ein verändertes Essverhalten in Folge des Kalorienzählens, andere Bewegungsgewohnheiten in Folge des Schrittzählens o. ä., scheint plausibel. Das im self-tracking sichtbar werdende Gesundheitsverständnis ist nun zum einen ganz im Sinne des Machbarkeitspostulats und der zunehmenden Individualisierung von Gesundheit und Krankheit, zum anderen entspricht es dem skizzierten managerialen Denken des unternehmerischen Selbst, welches vom Wettbewerb dem Diktat fortwährender Selbstoptimierung unterworfen wird (vgl. Bröckling 2013). Werden diese Entwicklungen im Sinne eines dystopischen Gesellschaftsentwurfes weitergezeichnet und setzt man die Totalisierung der Arbeit wie auch die Totalisierung der Gesundheit absolut, liegt die Gefahr einer Konformitätssteigerung in der Gesellschaft nahe, insofern ungesundes, vermeintlich gesundheitsschädliches oder auch nur das Ausbleiben von gesundheitsförderlichem Verhalten zunehmend ihre gesellschaftliche Legitimation verlieren. Wie sich die gesunde neue Arbeitswelt gestaltet, wird im Folgenden thematisiert.

Die gesunde neue Arbeitswelt

Die neuen Managementkonzepte und Arbeits- und Erwerbsformen der sich im Spannungsfeld einer globalisierten, zunehmend deregulierten Wirtschaft, der Entwicklung zur Wissens- und Dienstleistungsgesellschaft und der neuen Möglichkeiten der Informationstechnologien entfaltenden, postindustriellen

Entgrenzte, subjektivierte Arbeit

Anforderungen an die Beschäftigten	**Ansprüche der Beschäftigten**
• Entscheidungs-und Verantwortungsfähigkeit • Innovationsfähigkeit und Kreativität • Selbstkontrolle und Selbstreflexion • Team-bzw. Kooperationsfähigkeit • Sozialkompetenz(z.B. Kommunikationsfähigkeit) • „unternehmerisches" Denken und Handeln • Fach-und Methodenkompetenz • Technologische Kompetenz • Fachübergreifende Kompetenzen • Zeitmanagement • Bereitschaft zur kontinuierlichen Wissensaneignung • Flexibilität • Analyse-und Interpretationsvermögen	• Autonomie • Entfaltungsmöglichkeiten für die eigene Person und Persönlichkeit • Möglichkeiten zur Vereinbarkeit von Beruf und Familie • Ausgeprägte Partizipationsmöglichkeiten in der Arbeit • Sinnhaftigkeit: Erfüllende und sinnstiftende Tätigkeiten • Selbstverwirklichung • Räumliche und zeitliche Flexibilität • Möglichkeit zur individuellen Gestaltung des Lebenslaufs

Insgesamt:
Trend zur Höherqualifizierung (fachliche und Metakompetenzen) aber auch zu postmateriellen Werten

Abb. 4.1 Zentrale Anforderungen und Ansprüche ausgehend von entgrenzter, subjektivierter Arbeit

Arbeit (vgl. Abschn. 4.1) gehen mit neuen Anforderungen an die Arbeitnehmer einher, welche sowohl neue Chancen als auch neue gesundheitliche Belastungsszenarien bedeuten können. Gleichzeitig haben Arbeitnehmer neue Anforderungen an Arbeit. In diesem Kontext stellt sich die Frage, inwieweit das Betriebliche Gesundheitsmanagement geeignet ist, um diesen neuen Anforderungen an und von Arbeit zu begegnen, die neuen Chancen zu nutzen und die neuen Belastungen abzufangen.

Neue Belastungen entgrenzter Arbeit

Ausgehend von den Tendenzen einer Entgrenzung von Arbeit und Arbeitskraft sowie der im Rahmen der neuen Managementkonzepte gängigen Praxis die unternehmerische Verantwortung an die Beschäftigten weiter zu reichen, sehen sich die Beschäftigten nun neuen Anforderungen der Arbeit an Kompetenzen, Fähigkeiten und Qualifikationen gegenübergestellt. Gleichzeitig – es lässt sich hier von einem zirkulären Prozess mit der Tendenz zur Selbstverstärkung ausgehen (vgl.

Schmid 2003, S. 35 ff.) – haben die neuen Beschäftigten, dem Zeitgeist entsprechend, neue Ansprüche an Arbeit, die mit neuen Möglichkeiten zur „Entfaltung von Persönlichkeits-, Leistungs- und Verantwortungspotentialen in der Arbeit" (Kattwinkel und Petzi 2015, S. 860) einhergehen.[20] Abb. 4.1 gibt einen Überblick über zentrale Anforderungen an die Beschäftigten in einer entgrenzten und subjektivierten Arbeitswelt sowie kontrastierend, damit einhergehende Ansprüche der Beschäftigten an Erwerbsarbeit (vgl. hierzu Egbringhoff et al. 2003, S. 14 ff.; Picot et al. 2001, S. 462 ff.; Voß und Pongratz 2004).

Der Arbeitnehmer im „flexiblen Kapitalismus" (Sennett 1998, S. 10) fordert, ganz im Sinne Sennetts (1998) Postulat des flexiblen Menschen, zunehmend die Flexibilisierung von „Zeit und Raum". Die Konsequenzen, die sich daraus für die Arbeitnehmer ergeben, sind ambivalent. Als Erfüllung der seit den 1960er Jahren bestehenden Forderungen der Humanisierung des Arbeitslebens erhöhen sich Autonomie und Partizipation der Beschäftigten. Es lässt sich ein tatsächlicher Gewinn an Freiheit (vgl. Glißmann und Peters 2001) konstatieren, welcher sich auch in der Flexibilisierung der Arbeit – flexible Arbeitszeitmodelle, verschiedene Formen der Telearbeit, etc. – manifestiert. Der Forderung der neuen Arbeitnehmer entsprechend, werden die Maßnahmen flexibler Arbeit auf organisationaler Ebene im Bereich des Personalmanagements und des Betrieblichen Gesundheitsmanagements, insbesondere unter dem Aspekt der Work-Life-Balance (zumeist mit Fokus auf die Vereinbarkeit von Beruf und Familie) verortet. Arbeit als Lebensstil und Möglichkeit der Selbstentfaltung – das Erbe der New Economy – wird von den Beschäftigten ganz selbstverständlich mit Autonomie und Verantwortungsübernahme – gleichermaßen positiv konnotiert – verbunden. Paradoxerweise ist es vor allem dieser Zuwachs an Autonomie und Verantwortungsübernahme der mit vielfältigen neuen Belastungsszenarien einhergeht. Glißmann und Peters (2001) formulieren es folgendermaßen: „Mehr Druck durch mehr Freiheit".

Zu beobachten ist nun ein wachsender Arbeits- und Leistungsdruck: einerseits steigt die Arbeits- und Zeitintensität – der ISO-Arbeitszeitbericht (2003) führt darunter Arbeit unter erhöhter Konzentration, erhöhtem Arbeitstempo und den Verzicht auf Pausen – andererseits ist eine Arbeits- und Zeitextensivierung zu beobachten – nach dem ISO-Arbeitszeitbericht die Tendenz der Beschäftigten länger zu arbeiten und Arbeit mit nach Hause zu nehmen. Es findet demnach

[20] Die neuen Ansprüche der Beschäftigten an Arbeit wie die neuen Anforderungen der Arbeit an Beschäftigte werden ausführlich von Kattwinkel und Petzi (2015, S. 858 ff.) behandelt. Vgl. außerdem Kastner (2004, S. 8 ff.).

eine weitere Entgrenzung der Arbeit statt, wobei die Zirkularität dieses Prozesses deutlich wird: die Entgrenzung der Arbeit ist sowohl Folge – in Form einer zunehmenden Flexibilisierung, Intensivierung und Extensivierung – des wachsenden Arbeits- und Leistungsdrucks, als auch dessen Ursache, insofern die Subjektivierung zu mehr Autonomie, Verantwortung, Koordinationsaufwand etc. führt.

Kröger et al. (2014, S. 289 f.) stellen einen direkten Bezug zwischen den, subjektiv als Belastungen wahrgenommenen, Anforderungen der heutigen Arbeitswelt, insbesondere Termin- und Leistungsdruck, und einer Zunahme an psychischen Störungen in der Bevölkerung her. Kastner (2004, S. 19 f.) nennt explizit den Anstieg „psycho-mentaler Belastungen durch eine zunehmende Leistungsintensivierung infolge veränderter Managementmethoden", „höhere Mobilitätsanforderungen und Entgrenzungserfordernisse zwischen Arbeitstätigkeit und Freizeit mit nachhaltigen Auswirkungen auf die individuelle Regeneration und den Biorhythmus bis hin zu mehr Stress-Ereignissen", die „Zunahme sozio-emotionaler Stressfaktoren durch mehr dialogische Arbeitsanteile (z. B. höhere Kundenorientierung, Servicetätigkeiten)", die „Zunahme von Angst- und Überforderungsgefühlen", „vermehrte Burnout-Phänomene und emotionale Erschöpfung in neuen Dienstleistungsberufen, sogenannten Interaktionsstress" und „Beeinträchtigungen der Erholungsphasen durch unregelmäßige Arbeits- und Freizeitrhythmen, erhöhter Koordinationsaufwand zwischen Arbeit, Familie und Freizeit."[21]

Der flexible Kapitalismus geht darüber hinaus mit einer Zunahme an Unsicherheit einher, wie sie Beck (1986) unter dem Schlagwort der „Risikogesellschaft" fasst und mit einem Systemwandel hin zu einem „System pluraler flexibler Unterbeschäftigung" (Beck 1986, S. 235) verknüpft.

> Damit treten an die Stelle stabiler Erwerbsverhältnisse der Industriegesellschaft instabile Tätigkeiten in neuen, fluiden und dezentralen Organisationsformen mit verschwimmenden sozialen Strukturen und Organisationsgrenzen, unsicheren Beschäftigungsformen und einer erhöhten Eigenverantwortung für das eigene Fortkommen (Kastner 2004, S. 16).

[21]Es sei darauf hingewiesen, dass es sich hierbei um eine selektive Auflistung neuer Belastungen handelt. Die Pluralität der Arbeitsverhältnisse und der teils prognostische Charakter der Belastungsszenarien machen eine erschöpfende Darstellung unmöglich. Darüber hinaus wurden die skizzierten Belastungen abstrahiert und gelten selbstverständlich nicht für jeden Bereich und jedes Arbeitsverhältnis gleichermaßen. Eine differenzierte Darstellung findet sich bei Kastner (2004, S. 8 ff.).

Es ist diese Eigenverantwortung, die eine zentrale Rolle in den neuen Belastungsszenarien spielt. Ganz grundsätzlich lässt sich – wiederum ganz im Sinne des Zeitgeistes – eine Tendenz zur Individualisierung, insbesondere der Individualisierung von Verantwortung feststellen. Kastner (2004, S. 13) fasst diese Entwicklung wie folgt:

> In jedem Falle werden alle Phänomene mit der kleinen Vorsilbe „selbst" stärker verlangt werden: Selbstmanagement und Selbstregulation, Selbstwahrnehmung, Selbstmotivation, Selbstbeauftragung, Selbstbestimmung, Selbstdisziplin, Selbstvermarktung, Selbstvertrauen, Selbstverantwortung, Selbstkontrolle und Selbstkritik, Selbstverwirklichung, Selbstwert(gefühl).

Im Kontext eines steigenden Arbeits- und Leistungsdrucks ist dies insofern bedeutsam, als die Tendenzen der Intensivierung und Extensivierung von Arbeit von den Beschäftigten nicht als strukturell bedingt wahrgenommen, sondern rein persönlich begründet werden (vgl. Verwoert 2003, S. 21 f.): es handelt sich demnach um eine – zumindest scheinbare – Selbst-Intensivierung und Selbst-Extensivierung der Arbeit durch die Beschäftigten. Scheinbar jedoch nur, da es die Weitergabe der unternehmerischen Verantwortung an die Beschäftigten im Rahmen indirekter Steuerung (vgl. Schmid 2003, S. 31 f.) und das verinnerlichte manageriale Denken sind, die hier greifen und nun auch die Einhaltung der Regelungen zum Schutz der Beschäftigten in deren Hände legen (vgl. ebd., S. 34). Die Auswirkungen, die diese Individualisierung für den Arbeitsschutz und ganz speziell das Betriebliche Gesundheitsmanagement hat, werden im folgenden Abschnitt thematisiert.

Betriebliches Gesundheitsmanagement und die neuen Belastungen entgrenzter Arbeit

Das Betriebliche Gesundheitsmanagement sieht sich derzeit vor der Herausforderung, den neuen Belastungen postindustrieller Arbeit zu begegnen, die sich grundlegend von den Belastungen der Arbeit im Industriezeitalter unterscheiden. Besonders misslich erscheint die mit der Tendenz der Übergabe der unternehmerischen Verantwortung an die Beschäftigten im Rahmen indirekter Steuerung einhergehende Individualisierung der Einhaltung der Regelungen zum Arbeitsschutz.

Verwoert (2003, S. 21 f.) fasst die daraus entstehende Problemlage folgendermaßen zusammen:

> Das Management überträgt […] den Angestellten mehr Eigenverantwortung, um durch die Förderung unternehmerischen Denkens die Produktivität zu steigern. Diese Verpflichtung zur Eigeninitiative und individuellen Leistungssteigerung

> erzeugt im Arbeitsalltag der Angestellten extreme Gefühle von Euphorie und Stress. Gefühle also, die bisher nur aus dem Berufsalltag von Unternehmern, Freiberuflern und Managern bekannt sind. Dass die ArbeitnehmerInnen diese emotionale Belastung jedoch nicht als strukturell sondern als rein persönlich begründet wahrnehmen, verhindert, dass sie sich solidarisieren und ihre Probleme als allgemeinen Missstand kritisieren. Auch die Gewerkschaft wird hier nicht als Interessenvertreter sondern eher als Widersacher angesehen, versucht sie doch scheinbar den ArbeitnehmerInnen die unternehmerische Freiheit zu verwehren, sich individuell zu überarbeiten.

Als Konsequenz verlieren Regelungen zum Schutz der Arbeitnehmer zunehmend an Wirkmacht:

> Arbeitszeitgesetze, tarifliche Regelungen, Schutzbestimmungen sind natürlich weiter gültig, aber sie sind im Neuen seltsam belanglos. Da die Beschäftigten als unternehmerisch Tätige ihre Arbeit selbst organisieren und einteilen, wird auch die Beachtung der Regelungen in ihre Hand gelegt. Gleichzeitig sind Ergebnisse gefordert, die diesen Regelungen zuwiderlaufen: Nicht aus willkürlicher Grausamkeit, sondern mit dem Verweis auf die faktische und praktische Realität. Und da nun niemand die Mehrarbeit anordnet oder das Unterlaufen der Bestimmungen, sie quasi von selbst geleistet werden, sind sie auch das Problem des Beschäftigten. Schließlich erscheinen die Regelungen, die doch zum Schutz der Beschäftigten gedacht waren, wie Hindernisse auf dem Weg zum unternehmerischen Erfolg (Schmid 2003, S. 34).

Die neue Freiheit in Bezug auf Arbeit und Arbeitszeit dient als Basis für das Selbstmanagement von Überlastung, mit der Tendenz zur Selbstausbeutung im Namen der Selbstverwirklichung (vgl. Martens 2001). Kastner (2004, S. 9) erläutert die paradoxe Rolle des Betrieblichen Gesundheitsmanagements in diesem Prozess:

> Ein flexibles Arbeitszeitmanagement (Gleitzeit, Arbeitszeitkonten, Sabbaticals) zur besseren Vereinbarkeit von Erwerbsarbeit, Familie und individuellen Lebensplanungen, […] wird angeboten, führt aber oft zu stärkerer Bindung an die Firma und in der Folge zu noch mehr Selbstausbeutung.

Die Maßnahmen des Arbeitsschutzes und des Betrieblichen Gesundheitsmanagements verlieren unter indirekter Steuerung demnach nicht nur zunehmend an Wirkkraft, das Betriebliche Gesundheitsmanagement trägt auch einen Teil zu den Prozessen bei, welche die Schutzmechanismen belanglos werden lassen. Neben der von Kastner (2004, S. 9) geschilderten Gefahr, durch die stärkere Bindung an die Firma die Bereitschaft zur Selbstausbeutung zu erhöhen, kann Betriebliches Gesundheitsmanagement zur Entgrenzung der Arbeit beitragen, indem es in Form von neuen Arbeitszeitmodellen die Flexibilisierung vorantreibt, sowie mit seinen Sport-, Gesundheits- und Work-Life-Balance-Angeboten die Grenzen von Arbeits- und Privatwelt weiter auflöst. Da die größtenteils in der Arbeitszeit wahrnehmbaren Angebote des Betrieblichen Gesundheitsmanagements zumeist nicht mit einer niedrigeren Arbeitsleistung verknüpft werden, besteht darüber hinaus die Gefahr der weiteren Intensivierung und Extensivierung der Arbeit und somit einer erneuten Zunahme belastender Faktoren.

Den klassischen Leiden des Arbeitnehmers, insbesondere im Bereich des Muskel-Skelett-Systems (vgl. Statista 2016) mag seitens des Betrieblichen Gesundheitsmanagements mittels Maßnahmen wie etwa Rückenschulen, Angeboten zum Muskelaufbau, Yoga, etc. entgegen gewirkt werden können. In Bezug auf die skizzierten neuen psycho-mentalen und sozio-emotionalen Belastungen postindustrieller flexibilisierter Arbeit lässt sich die Wirkmacht des Betrieblichen Gesundheitsmanagement jedoch infrage stellen. Mehr noch besteht die Gefahr, dass das Betriebliche Gesundheitsmanagement bewusst oder unbewusst die belastenden Prozesse verstärkt.

4.3 Sensible Gesundheitsdaten und Datenschutz

Im Rahmen des Betrieblichen Gesundheitsmanagements werden vielfältige Möglichkeiten der Datensammlung genutzt. Da es sich dabei in der Regel um sensible Gesundheitsdaten handelt, ist ein verantwortungsvoller Umgang geboten. Nun sind diese Daten durchaus wertvoll: für das beschäftigende Unternehmen, die Krankenkassen, Daten sammelnde und verwertende Konzerne. In Bezug auf das Betriebliche Gesundheitsmanagement stellt sich demnach die Frage, welche Daten gesammelt und wie diese Daten genutzt werden.

Wie bereits in Abschn. 4.2 geschildert, lässt sich unter den privaten wie gesetzlichen Krankenversicherungen die Verbreitung neuer Modelle beobachten, die mit einer, mittels App von den Versicherten durchgeführten, Erhebung sensibler Gesundheitsdaten einhergehen. Diese Modelle sind derzeit rechtlich zulässig, wobei die Bundesregierung an die Sorgsamkeit der Versicherten in Bezug auf die Weitergabe derartiger Informationen appelliert (Deutscher Bundestag 2015, S. 2).

Die Gefahren in Bezug auf eine Individualisierung von Existenzrisiken im Bereich der Tariflandschaft der Krankenkassen wurden in Abschn. 4.2 ausführlich erörtert. Aus datenschutzrechtlicher Perspektive ist nun vor allem die Nutzung der im Rahmen des Betrieblichen Gesundheitsmanagements erhobenen Daten durch das Unternehmen bedenklich. Datenschutzbeauftragte sehen in der Kontrolle des Gesundheitszustands der Beschäftigten durch den Arbeitgeber die Gefahr unzähliger

Missbrauchsszenarien, z. B. bei Kündigungswellen oder in Situationen, in denen sich die Frage stellt, auf wen das Unternehmen am ehesten verzichten kann (vgl. Ärzteblatt 2015). Es besteht somit die Gefahr, dass die im Rahmen des Betrieblichen Gesundheitsmanagements erhobenen Daten zur Grundlage von Personalentscheidungen werden. Die in Abschn. 4.2 geschilderten Entwicklungen in den U.S.A. untermauern diese Befürchtung. Die skizzierte moralische Wertung von Gesundheit, einhergehend mit einer zunehmenden Individualisierung von Gesundheit und Krankheit unter der Perspektive der Machbarkeit, lässt befürchten, dass Gesundheit oder vielmehr gesundheitsförderliches oder -schädigendes Verhalten zum Distinktionsmerkmal sowie zur Forderung des Arbeitgebers wird. Die negativen Tendenzen zuspitzend ist eine Diskriminierung von Kranken, vermeintlich Ungesunden oder vermeintlich ungesund Lebenden die Folge. In Bezug auf die Prämiensysteme der Krankenkassen wird diese Befürchtung im Rahmen der bereits erwähnten Kleinen Anfrage geäußert (vgl. Deutscher Bundestag 2015, S. 7). Die durch den Gesetzgeber forcierte Kooperation von Unternehmen und Krankenkassen zur Implementierung eines Betrieblichen Gesundheitsmanagements verschärft diese Problematik zusätzlich, da nun zwei gleichermaßen an den Gesundheitsdaten der Beschäftigten respektive Versicherten interessierte Akteure zusammenarbeiten. Auch wenn die Gesetzeslage in Bezug auf die Nutzung sensibler Daten eindeutig ist – nach § 3 Abs. 9 des Bundesdatenschutzgesetzes (vgl. BfDI 2010) unterliegt die Erhebung sensibler personenbezogener Daten durch den Arbeitgeber sehr strikten Restriktionen – ist die Richtung, die diese Entwicklungen nehmen, bedenklich. So ist die Erhebung, Verarbeitung und Nutzung personenbezogene Daten der Versicherten zu ihrem Gesundheitszustand durch die Krankenkassen derzeit lediglich an die Einwilligung der Versicherten geknüpft. Die „Zulässigkeit der Weitergabe an Dritte [richtet sich] grundsätzlich danach, ob und ggf. was in den von den Versicherten erteilten Einwilligungen hierzu festgelegt wurde" (Deutscher Bundestag 2015, S. 5). Es lassen sich hier tatsächlich vielfältige Missbrauchsszenarien entwerfen. Besonders kritisch erscheint in dem skizzierten Rahmen die Zusammenarbeit von gesetzlichen Krankenversicherungen mit profitorientierten Unternehmen, wie etwa im Rahmen des App-basierten Bonusprogramms der AOK Nordost (vgl. AOK 2016a). Die Erhebung der sensiblen Gesundheitsdaten wird dabei unter Zuhilfenahme der Gesundheits-Apps von Google (Google Fit) und Apple (Apple Health) durchgeführt; aus datenschutzrechtlicher Sicht bleibt unklar, wie diese Unternehmen, mit den gewonnenen Daten umgehen. Bis dato knüpft die Geltung des europäischen Datenschutzrechtes daran an, dass ein Unternehmen entweder seinen Sitz innerhalb der EU hat oder in der EU befindliche Mittel zur Datenverarbeitung nutzt (vgl. Deutscher Bundestag 2015, S. 8). Die Einführung des Marktortsprinzips[22] im Rahmen einer Reform des europäischen Datenschutzrechts – wie von der Bundesregierung geplant (vgl. ebd.) – könnte sicherstellen, dass sich die von Krankenversicherungen genutzten Apps internationaler Anbieter nach deutschem Datenschutzrecht richten. In dem beschriebenen Kontext stellt sich durchaus die Frage, ob es in Hinblick auf Datenschutz prinzipiell ausreichend ist, Appelle zur Achtsamkeit im Umgang mit ihren Daten an Versicherte zu richten, wie dies derzeit in der Regel durch die Krankenversicherungen selbst oder etwa die Bundesregierung (vgl. u. a. AOK 2016b; Deutscher Bundestag 2015, S. 8.) geschieht, oder ob hier restriktivere gesetzliche Regelungen angebracht wären.

[22]Als „Marktortprinzip" bezeichnet man den Grundsatz, dass jeweils die rechtlichen Vorgaben des Landes gelten, in dem der Verkäufer bzw. Anbieter auftritt.

5 Das Gesunde Unternehmen: Utopie oder Dystopie?

Im Rahmen dieses Werkes wurde unter Einbezug gesellschaftlicher Transformationsprozesse ein kritischer Blick auf das Gesunde Unternehmen geworfen. Die skizzierten Entwicklungen und auf die Zukunft projizierten Potenziale und Gefahren werden nun resümiert und unter Bezug auf die grundlegende Frage dieser Abhandlung „Das Gesunde Unternehmen: Utopie oder Dystopie?" gewertet.

Betriebliches Gesundheitsmanagement birgt vielfältiges Potenzial (vgl. Abschn. 3.1). Von den Unternehmen aus ökonomischen Gründen eingeführt, lassen sich auf Arbeitgeberseite eine Steigerung der Leistungsfähigkeit, der Leistungspotenziale und der Motivation der Mitarbeiter sowie eine erhöhte Identifikation der Mitarbeiter mit dem Unternehmen identifizieren. Effekte die wiederum mit einer höheren Innovationskraft und Wettbewerbsfähigkeit verbunden werden. Mit der Hauptgrund für die Implementierung eines Betrieblichen Gesundheitsmanagements ist die Verringerung fehlzeitenbedingter Ausfälle und der damit einhergehenden Kosten. Darüber hinaus lohnt sich die Implementierung für das Unternehmen aus steuerlichen Gründen. Nicht zuletzt geht mit der Einführung in der Regel eine Imageverbesserung des Unternehmens einher. Die Vorteile eines Betrieblichen Gesundheitsmanagements für die Arbeitnehmer werden vor allem in der Entwicklung von Gesundheitskompetenz (vgl. Kap. 2), dem Zuwachs an Gesundheit und Wohlbefinden und dem Abbau gesundheitlicher Risiken gesehen, was wiederum mit einer gesteigerten Leistungsfähigkeit, Arbeitsmotivation und Arbeitszufriedenheit bis hin zu einer erhöhten Lebensqualität verbunden wird. Die Vorteile für die Gesamtgesellschaft speisen sich aus den Vorteilen für Arbeitnehmer wie Arbeitgeber. Zum einen steigt die Leistungsfähigkeit und Arbeitsmotivation der Bevölkerung, was mit einer höheren Innovationskraft und Wettbewerbsfähigkeit im internationalen Vergleich verknüpft wird. Zum anderen erhöht sich die Volksgesundheit, wodurch gleichzeitig das

M. Petzi und S. Kattwinkel, *Das Gesunde Unternehmen zwischen Utopie und Dystopie,* essentials, DOI 10.1007/978-3-658-15146-1_5

Gesundheitssystem entlastet wird. Aufgrund der sinkenden Fehlzeiten reduzieren sich die fehlzeitenbedingten Kosten für die Volkswirtschaft. Es handelt sich also scheinbar um eine win-win-win-Situation für Arbeitgeber, Arbeitnehmer und Gesamtgesellschaft.

Jedoch birgt Betriebliches Gesundheitsmanagement auch vielfältige Gefahren, welche sich erst unter Einnahme einer holistischen Perspektive und Einbezug der derzeitigen gesellschaftlichen Transformationsprozesse offenbaren. Betriebliches Gesundheitsmanagement leistet einen Beitrag zur Entgrenzung von Arbeit, insofern unternehmensinterne Angebote die Grenzen zwischen Arbeits- und Privatleben weiter verschwimmen lassen. Können die Angebote darüber hinaus in der Arbeitszeit wahrgenommen werden, ohne mit einer verringerten Arbeitsanforderung, also zu erbringender Leistung des Arbeitnehmers einherzugehen, besteht die Gefahr, dass das Betriebliche Gesundheitsmanagement die beobachtbaren Tendenzen einer Arbeitsintensivierung und -extensivierung flexibilisierter Arbeit zusätzlich verstärkt. Die positiv gewertete Identifikation mit dem Unternehmen kann, gekoppelt an die höhere Verantwortung der Arbeitnehmer in den neuen Arbeits- und Erwerbsformen, mit einer größeren Bereitschaft zur – unbewussten – Selbstausbeutung einhergehen. Im ungünstigsten Fall trägt das Betriebliche Gesundheitsmanagement zur Steigerung der belastenden Momente von Arbeit, insbesondere der psycho-mentalen und sozio-emotionalen, bei und verfehlt damit nicht nur seine Wirkung, sondern kehrt sie ins Gegenteil. Die Beobachtung, dass Regelungen zum Schutz der Beschäftigten unter indirekter Steuerung zunehmend an Wirkkraft verlieren, da mit der Weitergabe der unternehmerischen Verantwortung an die Beschäftigten auch die Einhaltung der zu ihrem Schutz bestimmten Richtlinien in die Hände der Beschäftigten gelegt werden, gilt gleichermaßen für die Maßnahmen des Betrieblichen Gesundheitsmanagements. Ihr Effekt lässt sich demnach erneut infrage stellen. Unabhängig seiner tatsächlichen Wirkung, transportiert das Betriebliche Gesundheitsmanagement ein normatives Gesundheitsverständnis, welches die in der Gesellschaft zu beobachtenden Tendenzen, Gesundheit als moralische Kategorie zu sehen, zusätzlich verstärken kann. Es besteht somit die Gefahr, dass das Betriebliche Gesundheitsmanagement zur Re-Individualisierung von Existenzrisiken beiträgt, insofern die positive Gesundheitsorientierung gemeinsam mit der Vorstellung der Machbarkeit von Gesundheit – beide gleichermaßen im Betrieblichen Gesundheitsmanagement verankert – im Umkehrschluss in einem Verständnis von Krankheit als selbst verschuldet und – mehr noch – gemeinschaftsschädigend resultiert. Das dystopische Bild der Entsolidarisierung der Gesellschaft entlang der Demarkationslinie gesund – krank liegt nahe. Diese Entwicklungen in ihrem Extrem weiterführend, lässt sich eine sukzessive stattfindende Zunahme der gesellschaftlichen Konformität und somit ein Verlust an Vielfalt befürchten, da Verhalten, das als ungesund bzw. nicht gesundheitsförderlich eingestuft wird, zunehmend suspekt wird. Bezogen auf das Gesunde Unternehmen besteht, neben der Bevormundung der Mitarbeiter, die Gefahr der Diskriminierung von Mitarbeitern, die dem Gesundheitsideal bzw. dem Ideal des gesundheitsförderlichen Verhaltens nicht entsprechen. Die Beispiele aus Abschn. 4.2, in denen die Praxis einiger Unternehmen in den U.S.A. keine Tabak konsumierenden Bewerber mehr einzustellen, geschildert wird, verdeutlichen deren Aktualität wie Brisanz. Es besteht dann die Gefahr, dass Gesundheit nicht nur zur Forderung des Arbeitgebers, sondern darüber hinaus zum Distinktionsmerkmal und schlussendlich zum Kriterium für Personalentscheidungen wird.

Ausgehend von diesen Entwicklungen, Potenzialen und Gefahren lassen sich vielfältige utopische wie dystopische Gesellschaftsentwürfe skizzieren. Die folgenden Entwürfe stehen gleichberechtigt neben anderen:

▶ **Utopie** Eine gesundheitsbewusste Gesellschaft, in der Arbeit der Selbstentfaltung selbstbestimmter, mündiger Bürger dient und die Belastungen aus Arbeit durch die Kooperation von Individuum, Unternehmen und Staat weitgehend behoben wurden, ohne jedoch die Freiheit des Einzelnen zu beschneiden.

▶ **Dystopie** Eine konforme, homogene Gesellschaft, in der die Menschen, dem Diktat des Wettbewerbs unterworfen, unablässig an der Optimierung ihrer eigenen Arbeitskraft arbeiten und Gesundheit nicht nur zur Forderung des Arbeitgebers, sondern als Distinktionsmerkmal zur Grundlage der Diskriminierung der Menschen, die nicht dem Gesundheitsideal entsprechen, geworden ist.

Dem Bild der Utopie und der Dystopie inhärent, ist die Projektion gegenwärtiger Gegebenheiten und Entwicklungen auf eine optimistische oder pessimistische Zukunft. Prognosen darüber, wie sich die Gesellschaft tatsächlich entwickeln wird, können und sollen in diesem Werk nicht angestellt werden. Vor dem Hintergrund der skizzierten Transformationsprozesse im Gesundheitsverständnis wie in der Organisation von Arbeit scheint eine stete Wachsamkeit (vgl. Kickbusch 2006, S. 35) angebracht.

Was Sie aus diesem essential mitnehmen können

- Eine kritische Perspektive auf Betriebliches Gesundheitsmanagement
- Ein vertieftes Verständnis neuer Managementkonzepte und Arbeits- und Erwerbsformen
- Einen Einblick in die gesellschaftlichen Transformationsprozesse im Gesundheitsverständnis
- Einen Überblick der neuen Belastungen postindustrieller, entgrenzter Arbeit
- Zwei Blicke in die Zukunft: einen kulturpessimistischen und einen kulturoptimistischen

M. Petzi und S. Kattwinkel, *Das Gesunde Unternehmen zwischen Utopie und Dystopie,* essentials, DOI 10.1007/978-3-658-15146-1

Literatur

Altgeld, T. (2014). Zukünftiger Stellenwert des Betrieblichen Gesundheitsmanagements. In B. Badura, A. Ducki, H. Schröder, J. Klose, & M. Meyer (Hrsg.), *Fehlzeiten-Report 2014. Erfolgreiche Unternehmen von morgen – gesunde Zukunft heute gestalten* (S. 299–309). Heidelberg: Springer.

Altgeld, T., & Kolip, P. (2010). Konzepte und Strategien der Gesundheitsförderung. In K. Hurrelmann, T. Klotz, & J. Haisch (Hrsg.), *Lehrbuch Prävention und Gesundheitsförderung* (S. 45–56). Bern: Huber.

Antonovsky, A. (1997). *Salutogenese. Zur Entmystifizierung der Gesundheit*. Tübingen: Dgvt-Verlag.

AOK. (2016a). Kostenlose App: FitMit AOK I AOK Nordost. https://www.fitmit-aok.de/#app. Zugegriffen: 04. Mai 2016.

AOK. (2016b). Datenschutzerklärung. https://www.fitmit-aok.de/datenschutz.html. Zugegriffen: 04. Mai 2016.

Ärzteblatt. (2015). Regierung: Versicherer dürfen Bonuszahlungen für Gesundheitsdaten anbieten. http://www.aerzteblatt.de/nachrichten/61766. Zugegriffen: 02. Mai 2016.

Baric, L., & Conrad, G. (1999). *Gesundheitsförderung in Settings. Konzept, Methodik und Rechenschaftspflichtigkeit zur praktischen Anwendung des Setting-Ansatzes der Gesundheitsförderung*. Gamburg: Verlag für Gesundheitsförderung.

Badura, B., Ritter, W., & Scherf, M. (1999). *Betriebliches Gesundheitsmanagement. Ein Leitfaden für die Praxis*. Berlin: Hans Böckler Stiftung.

Beck, U. (2003). *Risikogesellschaft: Auf dem Weg in eine andere Moderne*. Suhrkamp: Frankfurt a. M.

BfDI. (2010). Bundesdatenschutzgesetz (BDSG). http://www.bfdi.bund.de/SharedDocs/Publikationen/GesetzeVerordnungen/BDSG.pdf. Zugegriffen: 04. Mai 2016.

Brandt, P., & Dierks, M.-L. (2014). Stichwort: „Gesundheit". *DIE Magazin, 2014*(2), 20–21.

Bröckling, U. (2012). Totale Mobilmachung. Menschenführung im Qualitäts- und Selbstmanagement. In U. Bröckling, S. Krasmann, & T. Lemke (Hrsg.), *Gouvernementalität der Gegenwart. Studien zur Ökonomisierung des Sozialen* (S. 131–167). Frankfurt a. M.: Suhrkamp.

Bröckling, U. (2013). *Das unternehmerische Selbst: Soziologie einer Subjektivierungsform*. Frankfurt a. M.: Suhrkamp.

M. Petzi und S. Kattwinkel, *Das Gesunde Unternehmen zwischen Utopie und Dystopie*, essentials, DOI 10.1007/978-3-658-15146-1

Bundesagentur für Arbeit. (o. J.). Betriebliches Gesundheitsmanagement. http://www.inqa.de/SharedDocs/PDFs/DE/Gute-Praxis/Gute-Praxis-Gesundheitsmanagement-der-BA.pdf. Zugegriffen: 27. Apr. 2016.

Bundesministerium für Arbeit und Soziales. (2013). Empfehlungen für eine neue Kultur der Gesundheit im Unternehmen. http://www.bmas.de/SharedDocs/Downloads/DE/PDF-Publikationen/a860-gesundheit-im-unternehmen.pdf. Zugegriffen: 02. Mai 2016.

Bundesministerium für Gesundheit. (2016a). Betriebliche Gesundheitsförderung – Was steckt dahinter? http://www.bmg.bund.de/praevention/betriebliche-gesundheitsfoerderung/was-steckt-dahinter.html. Zugegriffen: 04. Apr. 2016.

Bundesministerium für Gesundheit. (2016b). Betriebliche Gesundheitsförderung – Umsetzung. http://www.bmg.bund.de/praevention/betriebliche-gesundheitsfoerderung/umsetzung.html. Zugegriffen: 04. Apr. 2016.

Bundesministerium für Gesundheit. (2016c). Betriebliche Gesundheitsförderung – Best Practice Beispiele. http://www.bmg.bund.de/themen/praevention/betriebliche-gesundheitsfoerderung/best-practice-beispiele-im-ueberblick.html. Zugegriffen: 05. Apr. 2016.

BÖLW. (o. J.). Umsatz mit Bio-Lebensmitteln in Deutschland in den Jahren 2000 bis 2015 (in Milliarden Euro). http://de.statista.com/statistik/daten/studie/4109/umfrage/bio-lebensmittel-umsatz-zeitreihe/. Zugegriffen: 05. Apr. 2016.

Deutscher Bundestag. (2015). Antwort der Bundesregierung auf die Kleine Anfrage der Abgeordneten Harald Weinberg, Kathrin Vogler, Jan Korte, weiterer Abgeordneter und der Fraktion DIE LINKE. Drucksache 18/3633. http://dipbt.bundestag.de/doc/btd/18/038/1803849.pdf. Zugegriffen: 28. Apr. 2016.

DSSV. (o. J.). Mitgliederzahl der Fitnessstudios in Deutschland von 2003 bis 2014 (in Millionen). http://de.statista.com/statistik/daten/studie/5966/umfrage/mitglieder-der-deutschen-fitnessclubs/. Zugegriffen: 05. Apr. 2016.

Egbringhoff, J., Kleemann, F., Matuschek, I., & Voß, G. (2003). *Subjektivierung von Bildung. Bildungspolitische und bildungspraktische Konsequenzen der Subjektivierung von Arbeit*. Stuttgart: Akademie für Technikfolgenabschätzung in Baden-Württemberg.

ENWHP. (1999). Healthy employees in healthy organisations. Good practice in workplace health promotion (WHP) in Europe. Quality criteria of workplace health promotion. http://www.enwhp.org/fileadmin/downloads/quality_criteria.pdf. Zugegriffen: 08. Apr. 2016.

ENWHP. (2007). Luxemburger Deklaration zur betrieblichen Gesundheitsförderung in der Europäischen Union. http://www.luxemburger-deklaration.de/fileadmin/rs-dokumente/dateien/LuxDekl/Luxemburger_Dekl_Mai2014.pdf. Zugegriffen: 07. Apr. 2016.

Faller, G. (2010). Mehr als nur Begriffe: Prävention, Gesundheitsförderung und Gesundheitsmanagement im betrieblichen Kontext. In G. Faller (Hrsg.), *Lehrbuch Betriebliche Gesundheitsförderung* (S. 15–26). Bern: Huber.

Faller, H., & Lang, H. (2016). *Medizinische Psychologie und Soziologie*. Würzburg: Springer.

Fiehler, F., & Sauer, D. (o. J.). Indirekte Steuerung: Eine gewerkschaftspolitische Herausforderung. http://www.isf-muenchen.de/pdf/2010_Indirekte_Steuerung.pdf. Zugegriffen: 18. Apr. 2016.

Galvin, R. (2002). Disturbing Notions of Chronic Illness and Individual Responsibility: Towards a Genealogy of Morals. *Health, 6*(2), 107–137.

Glißmann, W., & Peters, K. (2001). *Mehr Druck durch mehr Freiheit: Die neue Autonomie in der Arbeit und ihre paradoxen Folgen*. Hamburg: VSA-Verlag.

Greco, M. (1993). Psychosomatic subjects and the ‚duty to be well' Personal agency within. *Economy and Society, 22*(3), 357–372.

Hahne, P. (2007). *Schluss mit lustig!: Das Ende der Spaßgesellschaft*. Lahr/Schwarzwald: Johannis.

Hähner-Rombach, S. (2014). Von der Salutogenese zum Gesundheitsdiktat. In B. Badura (Hrsg.), *Fehlzeiten-Report 2014* (S. 221–228). Berlin: Springer.

Henderson, J., Ward, P. R., Coveney, J. D., & Taylor, A. (2009). „Health is the number one thing we go for": Healthism, citizenship and food choice. *The Future of Sociology*. http://dspace.flinders.edu.au/xmlui/bitstream/handle/2328/26028/Henderson%20Healthism.pdf?sequence=1. Zugegriffen: 08. Aug. 2016.

Hitzler, R. (2011). *Eventisierung: Drei Fallstudien zum marketingstrategischen Massenspaß*. Wiesbaden: VS Verlag für Sozialwissenschaften.

ISO. (2003). *Arbeitszeitbericht 2003*. o. V.: Köln.

Kastner, M. (2004). *Die Zukunft der Work Life Balance. Wie lassen sich Beruf und Familie, Arbeit und Freizeit miteinander vereinbaren?* Kröning: Asanger.

Kattwinkel, S., & Petzi, M. (2015). Rationalisierung von Arbeit. Dequalifizierung und Subjektivierung. In M. Klebl & S. Popescu-Willigmann (Hrsg.), *Handbuch Bildungsplanung. Ziele und Inhalte beruflicher Bildung auf unterrichtlicher, organisationaler und politischer Ebene* (S. 845–868). Bielefeld: W. Bertelsmann.

Kickbusch, I. (2006). *Die Gesundheitsgesellschaft: Megatrends der Gesundheit und deren Konsequenzen für Politik und Gesellschaft*. Gamburg: Verlag für Gesundheitsförderung.

Klopotek, F., & Scheiffele, P. (2015). *Zonen der Selbstoptimierung: Berichte aus der Leistungsgesellschaft*. Berlin: Matthes & Seitz.

Kröger, C., Finger, F., & Wunsch, E.-M. (2014). Effektivität und Effizienz arbeitsplatzbezogener Psychotherapie. In B. Badura, A. Ducki, H. Schröder, J. Klose, & M. Meyer (Hrsg.), *Fehlzeiten-Report* (S. 289–296). Berlin: Springer.

Leypold, H. (2009). *Das Resilienzmodell als bestimmender Einflussfaktor für erfolgreiche Organisations- und Personalentwicklung*. Berlin: Logos.

Martens, H. (2001). *Zwischen Selbstbestimmung und Selbstausbeutung: Gesellschaftlicher Umbruch und neue Arbeit*. Frankfurt a. M.: Campus.

Meifert, M. M., & Kesting, M. (2004). Gesundheitsmanagement – ein unternehmerisches Thema? In M. M. Meifert & M. Kesting (Hrsg.), *Gesundheitsmanagement in Unternehmen* (S. 3–13). Berlin: Springer.

Meschnig, A. (2003). Das Dispositiv der New Economy. In J. Verwoert (Hrsg.), *Die Ich-Ressource. Zur Kultur der Selbst-Verwertung* (S. 67–85). München: Volk.

Meyer, M., & Ahlers, F. (2013). Betriebliches Gesundheitsmanagement: Konzept und empirische Erkenntnisse. In A. Behrens-Potratz, K. H. Lüke, F. Ahlers, & R. Matthes (Hrsg.), *Demografischer Wandel. Vielfältige Herausforderungen für Unternehmen und Gesellschaft* (S. 193–215). Göttingen: o. V.

Naidoo, J., & Willls, J. (2010). *Lehrbuch der Gesundheitsförderung*. Gamburg: Verlag für Gesundheitsförderung.

Nida-Rümelin, J. (2015). *Die Optimierungsfalle: Philosophie einer humanen Ökonomie*. München: btb.

Picot, A., Reichwald, R., & Wigand, R. T. (2001). *Die grenzenlose Unternehmung. Information, Organisation und Management*. Wiesbaden: Gabler.

Pongratz, H. J. (2002). Erwerbstätige als Unternehmer ihrer eigenen Arbeitskraft? In E. Kuda & J. Strauß (Hrsg.), *Arbeitnehmer als Unternehmer? Herausforderungen für Gewerkschaften und berufliche Bildung* (S. 8–23). Hamburg: VSA.

Pongratz, H. J., & Voß, G. (2003). *Arbeitskraftunternehmer: Erwerbsorientierungen in entgrenzten Arbeitsformen*. Berlin: Ed. Sigma.

Pröll, U. (2003). Flexible Arbeit und Gesundheit: Intensivierungsrisiken und Ansatzpunkte nachhaltiger Gestaltung. In H. Berth & M. Essers (Hrsg.), *Kritische Medizin im Argument. Arbeit und Gesundheit* (Bd. 39, S. 31–52). Hamburg: Argument.

Roberts, J. L. (2014). Healthism and the law of employment discrimination. *Iowa Law Review, 99*, 571–635.

Roberts, J. L., & Leonard, E. W. (2016). What is (and Isn't) Healthism. *Georgia Law Review*, 50. http://ssrn.com/abstract=2646740. Zugegriffen: 08. Aug. 2016.

Rudow, B. (2004). *Das gesunde Unternehmen: Gesundheitsmanagement, Arbeitsschutz und Personalpflege in Organisationen*. München: Oldenbourg.

Schmid, A. (2003). Die Realität extremer Gefühle. In J. Verwoert (Hrsg.), *Die Ich-Ressource Zur Kultur der Selbst-Verwertung* (S. 67–85). München: Volk.

Schmidt, A. (2005). Rentiere ich mich noch? Activity Based Costing und seine Wirksamkeit im Tun der Beschäftigten. In H. Wagner (Hrsg.), *„Rentier' ich mich noch?"* (S. 131–153). Hamburg: VSA.

Schmidt-Semisch, H. (2015). Selber schuld Skizzen versicherungsmathematischer Gerechtigkeit. In U. Bröckling, S. Krasmann, & T. Lemke (Hrsg.), *Gouvernementalität der Gegenwart. Studien zur Ökonomisierung des Sozialen* (S. 168–193). Frankfurt a. M.: Suhrkamp.

Schulze, G. (2005). *Die Erlebnisgesellschaft. Kultursoziologie der Gegenwart*. Frankfurt a. M.: Campus.

Sennett, R. (1998). *Der flexible Mensch: Die Kultur des neuen Kapitalismus*. Berlin: Berlin-Verl.

Singer, S. (2010). Entstehung des Betrieblichen Gesundheitsmanagements. In A. Esslinger, M. Emmert, & O. Schöffski (Hrsg.), *Betriebliches Gesundheitsmanagement Mit gesunden Mitarbeitern zu unternehmerischem Erfolg* (S. 25–48). Wiesbaden: Gabler.

Singer, S., & Neumann, A. (2010). Beweggründe für ein betriebliches Gesundheitsmanagement und seine Integration. In A. Esslinger, M. Emmert, & O. Schöffski (Hrsg.), *Betriebliches Gesundheitsmanagement. Mit gesunden Mitarbeitern zum unternehmerischen Erfolg* (S. 49–66). Wiesbaden: Gabler.

Sozialgesetzbuch (SGB V). (2016). Fünftes Buch. Gesetzliche Krankenversicherung. http://www.sozialgesetzbuch-sgb.de/sgbv/6.html. Zugegriffen: 07. Apr. 2016.

Statista. (2016). Gesundheitszustand. Anteile der zehn wichtigsten Krankheitsarten an den Arbeitsunfähigkeitstagen in Deutschland in den Jahren 2010 bis 2015. http://de.statista.com/statistik/daten/studie/77239/umfrage/krankheit-hauptursachen-fuer-arbeitsunfaehigkeit. Zugegriffen: 30. Apr. 2016.

Ueberle, M. (2010). Betriebliches Gesundheitsmanagement im demografischen Wandel. In D. Preißing (Hrsg.), *Erfolgreiches Personalmanagement im demografischen Wandel* (S. 279–310). München: Oldenbourg.

Ullrich, C. G. (1999). Reziprozität und die soziale Akzeptanz des „Sozialversicherungsstaates". *Soziale Welt, 50*(1), 7–34.

Unfallkasse des Bundes. (2009). Leitfaden „Betriebliches Gesundheitsmanagement – in 6 Schritten zum Erfolg". http://www.uk-bund.de/downloads/Fachinfornationen%20AP/Leitfaden_BGM1_pdf_Datei.pdf. Zugegriffen: 27. Apr. 2016.

Verwoert, J. (2003). *Die Ich-Ressource: Zur Kultur der Selbst-Verwertung*. München: Volk.

Weinreich, I., & Weigl, C. (2011). *Unternehmensratgeber betriebliches Gesundheitsmanagement Grundlagen – Methoden – personelle Kompetenzen*. Berlin: Schmidt.

WHO. (1986). The Ottawa Charta for health promotion. First international conference on health promotion. http://www.who.int/healthpromotion/conferences/previous/ottawa/en/. Zugegriffen: 14. Apr. 2016.

Wydler, H., Kolip, P., & Abel, T. (2010). *Salutogenese und Kohärenzgefühl. Grundlagen, Empirie und Praxis eines gesundheitswissenschaftlichen Konzepts*. Weinheim: Juventa.

ZWW. (2008). Betriebliches Gesundheitsmanagement. Qualifizierung an der Universität Bielefeld. http://www.bgm-bielefeld.de/downloads/BGM_ZWW_Broschuere.pdf. Zugegriffen: 04. Mai 2016.